FROHE OSTERN 2021

:-*

VON PAPA

So **überleben** Zimmerpflanzen GARANTIERT

DK London

Lektorat
Mary-Clare Jerram, Dawn Henderson, Toby Mann, Alice Horne, Tia Sakar

Gestaltung und Bildredaktion
Maxine Pedliham, Marianne Markham, Alison Gardner, Rehan Abdul, Karen Constanti

Umschlaggestaltung
Steven Marsden, Laura Bithell

Herstellung
Robert Dunn, Ché Creasey

Fotos
Will Heap

Für die deutsche Ausgabe:
Programmleitung
Monika Schlitzer

Redaktionsleitung
Caren Hummel

Projektbetreuung
Manuela Stern

Herstellungsleitung
Dorothee Whittaker

Herstellungskoordination
Katharina Schäfer

Herstellung
Evely Xie

Titel der englischen Originalausgabe:
How not to kill your houseplant

Übersetzung
Reinhard Ferstl

Lektorat
Dr. Bettina Gratzki, Christine Ritter

ISBN 978-3-8310-3500-7

Druck und Bindung
Livonia, Lettland

MIX
Papier aus verantwortungsvollen Quellen
FSC® C002795

www.dk-verlag.de

Hinweis
Die Informationen und Ratschläge in diesem Buch sind von den Autoren und vom Verlag sorgfältig erwogen und geprüft, dennoch kann eine Garantie nicht übernommen werden. Eine Haftung der Autoren bzw. des Verlags und seiner Beauftragten für Personen-, Sach- und Vermögensschäden ist ausgeschlossen.

Veronica Peerless

So **überleben** Zimmerpflanzen GARANTIERT

GRÜNER DAUMEN für Anfänger

INHALT

Eine Pflanze finden 4

DIE BASICS 12

Kaufen 14
Eintopfen & Aufstellen 16
Wässern 18
Düngen & Pflegen 20
Umtopfen 22
Schädlinge 24
Krankheiten 28

ZIMMERPFLANZEN 30

Dieses Kapitel gibt Pflegetipps zu 119 Pflanzen. Es enthält alle Informationen, die Sie für die Pflege Ihrer Gewächse und die Beseitigung von Problemen brauchen.

Die fünf Besten für:

den Schreibtisch *S. 46–47* • die Sonne *S. 66–67* • das Badezimmer *S. 86–87* • dunkle Ecken *S. 106–107* • das Wohnzimmer *S. 126–127*

Register 142
Über die Autorin 144
Dank und Bildnachweis 144
Hinweis zur Toxizität 144

EINE PFLANZE FINDEN

LANZENROSETTE
Aechmea fasciata
S. 34–35

FRAUENHAARFARN
Adiantum raddianum
S. 32–33

FLAMMENDES SCHWERT
Vriesea splendens
S. 35

KRETISCHER SAUMFARN
Pteris cretica
S. 33

GUZMANIE
Guzmania lingulata
S. 35

KANARISCHER HASENPFOTENFARN
Davallia canariensis
S. 33

PFEILBLATT
Alocasia × amazonica
S. 36–37

ECHTE ALOE
Aloe vera
S. 38–39

ZIER-SPARGEL
Asparagus densiflorus
Sprengeri-Gruppe
S. 42–43

ELIATOR-BEGONIE
Begonia Eliator-Gruppe
S. 45

NEOREGELIE
Neoregelia carolinae
fo. tricolor
S. 49

AGAVE
Agave
S. 39

FEDER-SPARGEL
Asparagus setaceus
S. 43

KNOLLENBEGONIEN
Begonia
S. 45

KORBMARANTE
Calathea
S. 50–51

HAWORTHIE
Haworthia
S. 39

**DREIECKIGER
GLÜCKSKLEE**
Oxalis triangularis
S. 43

ZIMMERHAFER
Billbergia nutans
S. 48–49

PFEILWURZ
Maranta
S. 51

FLAMINGOBLUME
Anthurium
S. 40–41

KÖNIGS-BEGONIE
Begonia rex
S. 44–45

BLAUE TILLANDSIE
Tillandsia cyanea
S. 49

BLUMENMARANTE
Stromanthe
S. 51

Fortsetzung

GRÜNLILIE
Chlorophytum comosum
S. 52–53

TOPFROSE
Rosa
S. 55

ERBSENPFLANZE
Senecio rowleyanus
S. 59

DIEFFENBACHIE
Dieffenbachia
S. 62–63

EFEUTUTE
Epipremnum
S. 53

KISSEN-PRIMEL
Primula vulgaris
S. 55

LEUCHTERBLUME
Ceropegia woodii
S. 59

**KLETTER-
PHILODENDRON**
Philodendron scandens
S. 63

**VERÄNDERLICHE
PURPURTUTE**
Syngonium podophyllum
S. 53

RIEMENBLATT
Clivia miniata
S. 56–57

ALPENVEILCHEN
Cyclamen persicum
S. 60–61

**ROTBLÄTTRIGER
PHILODENDRON**
Philodendron erubescens
S. 63

CHRYSANTHEME
Chrysanthemum
S. 54–55

GELDBAUM
Crassula ovata
S. 58–59

ZIMMER-AZALEE
Rhododendron simsii
S. 61

VENUSFLIEGENFALLE
Dionaea muscipula
S. 64–65

SCHLAUCHPFLANZE
Sarracenia
S. 65

**GERANDETER
DRACHENBAUM**
Dracaena reflexa
S. 69

TIGERRACHEN
Faucaria
S. 73

GUMMIBAUM
Ficus elastica
S. 77

KANNENPFLANZE
Nepenthes
S. 65

GLÜCKSBAMBUS
Dracaena sanderiana
S. 70–71

WEIHNACHTSSTERN
Euphorbia pulcherrima
S. 74–75

**SILBERNETZ-
BLATT**
Fittonia
S. 78–79

DRACHENBAUM
Dracaena fragrans
S. 68–69

ECHEVERIE
Echeveria
S. 72–73

GEIGEN-FEIGE
Ficus lyrata
S. 76–77

SAMTPFLANZE
Gynura aurantiaca
S. 79

**SCHMALBLÄTTRIGER
GERANDETER
DRACHENBAUM**
Dracaena marginata
S. 69

**ROSETTEN-
DICKBLATT**
Aeonium
S. 73

BIRKEN-FEIGE
Ficus benjamina
S. 77

PUNKTBLUME
Hypoestes phyllostachya
S. 79

Fortsetzung

EFEU
Hedera helix
S. 80–81

KENTIAPALME
Howea forsteriana
S. 84–85

**ZWERG-
PORZELLANBLUME**
Hoya bella
S. 89

**GROSSES
FENSTERBLATT**
Monstera deliciosa
S. 94–95

JAPANISCHE AUKUBE
Aucuba japonica
S. 81

ZIERLICHE BERGPALME
Chamaedorea elegans
S. 85

FLAMMENDES KÄTHCHEN
Kalanchoe blossfeldiana
S. 90–91

**BAUM-
PHILODENDRON**
*Philodendron
bipinnatifidum*
S. 95

ZIMMERARALIE
Fatsia japonica
S. 81

GOLDFRUCHTPALME
Dypsis lutescens
S. 85

CALANDIVA
*Kalanchoe
Calandiva®-Serie*
S. 91

**LÖCHRIGES
FENSTERBLATT**
Monstera obliqua
S. 95

AMARYLLIS
Hippeastrum
S. 82–83

PORZELLANBLUME
Hoya carnosa
S. 88–89

MIMOSE
Mimosa pudica
S. 92–93

SCHWERTFARN
*Nephrolepis exaltata
'Bostoniensis'*
S. 96–97

NESTFARN
Asplenium nidus
S. 97

REBUTIA
Rebutia
S. 99

**SCHMETTERLINGS-
ORCHIDEE**
Phalaenopsis
S. 102–103

UFOPFLANZE
Pilea peperomioides
S. 108–109

RIPPENFARN
Blechnum gibbum
S. 97

ZWERGPFEFFER
Peperomia metallica
S. 100–101

ZWERG-DATTELPALME
Phoenix roebelenii
S. 104–105

**EINGEHÜLLTE
KANONIERBLUME**
*Pilea involucrata
'Moon Valley'*
S. 109

FEIGENKAKTUS
Opuntia
S. 98–99

ZWERGPFEFFER
Peperomia rotundifolia
S. 101

HOHE STECKENPALME
Rhapis excelsa
S. 105

**VIETNAMESISCHE
KANONIERBLUME**
Pilea cadierei
S. 109

MÖNCHSKAPPE
Astrophytum ornatum
S. 99

ZWERGPFEFFER
Peperomia obtusifolia
S. 101

**EUROPÄISCHE
ZWERGPALME**
Chamaerops humilis
S. 105

GEWEIHFARN
Platycerium bifurcatum
S. 110–111

Fortsetzung

GROSSER GEWEIHFARN
Platycerium grande
S. 111

SÄULEN-EUPHORBIE
Euphorbia trigona
S. 115

KROTON
Codiaeum variegatum
S. 119

BINSENKAKTUS
Rhipsalis baccifera
S. 121

USAMBARAVEILCHEN
Saintpaulia
S. 112–113

JUDENBART
Saxifraga stolonifera
S. 116–117

GLANZKÖLBCHEN
Aphelandra squarrosa
S. 119

BUBIKOPF
Soleirolia soleirolii
S. 122–123

**SCHWIEGERMUTTER-
ZUNGE**
Sansevieria trifasciata
S. 114–115

MOTTENKÖNIG
Plectranthus
S. 117

WEIHNACHTSKAKTUS
Schlumbergera × buckleyi
S. 120–121

HENNE MIT KÜKEN
Tolmiea menziesii
S. 123

BOGENHANF
Sansevieria cylindrica
S. 115

STRAHLENARALIE
Schefflera arboricola
S. 118–119

OSTERKAKTUS
Schlumbergera gaertneri
S. 121

KORALLENMOOS
Nertera granadensis
S. 123

EINBLATT
Spathiphyllum
S. 124–125

DREHFRUCHT
Streptocarpus
S. 130–131

BUNTNESSEL
Solenostemon
S. 135

GLÜCKSFEDER
Zamioculcas zamiifolia
S. 138–139

KOLBENFADEN
Aglaonema
S. 125

GLOXINIE
Sinningia speciosa
S. 131

PALMLILIE
Yucca elephantipes
S. 136–137

JAPANISCHER SAGOPALMFARN
Cycas revoluta
S. 139

SCHUSTERPALME
Aspidistra
S. 125

TILLANDSIEN
Tillandsia
S. 132–133

KEULENLILIE
Cordyline australis
S. 137

GLÜCKSKASTANIE
Pachira aquatica
S. 139

PARADIESVOGELBLUME
Strelitzia reginae
S. 128–129

ZEBRAKRAUT
Tradescantia zebrina
S. 134–135

ELEFANTENFUSS
Beaucarnea recurvata
S. 137

ZIMMER-BONSAI
Verschiedene Arten
S. 140–141

DIE BASICS

Was Zimmerpflanzen brauchen

KAUFEN

Holen Sie sich Ihre Zimmerpflanze möglichst aus einer Gärtnerei oder einem guten Gartencenter, wo man sie ordentlich gepflegt hat. Hier einige Tipps, was Sie beim Kauf beachten sollten – und wie Sie Ihre Neuerwerbung nach Hause transportieren, ohne ihr den Garaus zu machen!

FORM

Ihre Pflanze sollte eine schöne Form haben. Gut ist ein buschiger, schlecht ein langtriebiger, lichter Wuchs.

Dieffenbachie (S. 62–63)

SUBSTRAT

Ist die Pflanzerde feucht? Tropfnasses oder ausgetrocknetes Substrat deutet darauf hin, dass man es mit dem Wässern nicht so genau nimmt.

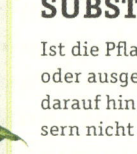

WURZELN

Wenn auf der Substratoberfläche viele Wurzeln zu sehen sind und sie zudem aus den Abzugslöchern drängen, steht die Pflanze schon viel zu lange in einem zu engen Topf. Sie ist nicht mehr in gutem Zustand. Lassen Sie am besten die Finger davon.

BLÜTENPFLANZEN

Eine Blütenpflanze sollte sowohl Blüten als auch Knospen haben. Sie blüht länger, weil sie noch ungeöffnete Blüten hat, die nachrücken und Verblühtes ersetzen. Nehmen Sie keine Exemplare mit fest geschlossenen Knospen, da sie sich eventuell nicht mehr öffnen.

Chrysantheme (S. 54–55)

VERPACKEN

Der beste Zeitpunkt für den Kauf einer Zimmerpflanze ist das Frühjahr oder der Sommer. In dieser Zeit ist es meistens warm, sodass die Pflanze vom plötzlichen Wechsel der Temperatur und der Standortbedingungen nicht zu stark geschockt ist. Bei einem Kauf im Winter müssen Sie Ihre Neuerwerbung gut einpacken, sonst kann sie Knospen oder Blätter abwerfen und sogar erfrieren. Besonders kälteempfindlich sind Weihnachtssterne.

Weihnachtsstern (S. 74–75)

ZUSTAND

Die Blätter sollten frisch aussehen und eine gute Farbe haben. Ungesunde braune oder gelbe Stellen sind ein Alarmzeichen.

SCHÄDLINGE UND KRANKHEITEN

Untersuchen Sie das anvisierte Exemplar auf Schädlinge und Krankheiten. Werfen Sie vor allem einen Blick auf die Unterseite der Blätter (siehe auch S. 24–27 und S. 28–29).

EINTOPFEN & AUFSTELLEN

Sobald Sie Ihre Pflanze nach Hause gebracht haben, sehen Sie nach, ob sie einen Topf mit Abzugslöchern hat. Dann müssen Sie einen passenden Standort dafür finden. Ist sie optimal eingetopft und gut platziert, stehen die Chancen gut, dass sie gesund und schön bleibt.

WIE MAN EINTOPFT

Die meisten Zimmerpflanzen werden in Plastiktöpfen mit Abzugslöchern verkauft. Man kann sie einfach in Übertöpfe stellen. Andere stecken bereits in dekorativen Gefäßen ohne Abzugslöcher. Hier ist es schwer abzuschätzen, ob sich Wasser am Boden sammelt und die Wurzeln faulen lässt. Am besten setzt man solche Gewächse in Plastiktöpfe mit Abzugslöchern um und stellt sie anschließend in ein schöneres Gefäß.

**Dieffenbachie
(S. 62–63)**

Der Plastik-topf muss in den Übertopf passen.

Abzugs-löcher

**PFLANZEN IN
PLASTIKTÖPFEN**
Prüfen Sie, ob das Kunst-stoffgefäß Abzugslöcher im Boden hat.

UMTOPFEN IN EINEN PLASTIKTOPF
Wird die Pflanze nur im Dekorgefäß verkauft, siedelt man sie in einen Topf mit Abzugslöchern um. Diesen kann man dann in einen hübschen Übertopf stellen.

WOHIN DAMIT?

Sie suchen nach dem optimalen Standort für Ihre Pflanze? Dann überlegen Sie, was ihrem natürlichen Lebensraum am nächsten kommt. Regenwaldpflanzen etwa aus der Bodenschicht vertragen keine pralle Sonne. Nicht vergessen: Der Pflanze muss der Platz behagen, nicht Ihnen.

LICHT

Alle Pflanzen brauchen Licht, manche mehr, andere weniger. Die meisten Zimmerpflanzen bevorzugen einen hellen Standort mit indirektem oder gefiltertem Licht ohne pralle Sonne. Ideal platziert sind sie in der Regel etwa 1 m vor einem Nord-, Ost- oder Westfenster. Vorsicht: Die Lichtverhältnisse ändern sich mit den Tages- und Jahreszeiten.

TEMPERATUR

Die meisten Zimmerpflanzen fühlen sich unter ähnlichen Bedingungen wohl wie wir: Tagsüber mögen sie es warm, nachts etwas kühler. Efeu und Alpenveilchen brauchen generell niedrigere Temperaturen. Kaum eine Zimmerpflanze verträgt starke Temperaturschwankungen. Stellen Sie sie nicht:

→ neben einen Heizkörper
→ neben eine Klimaanlage
→ an einen zugigen Platz
→ nachts an ein Fenster hinter einem Vorhang

Halten Sie am besten ein Thermometer griffbereit.

**Echte Aloe
(S. 38–39)**

LUFTFEUCHTIGKEIT

Die meisten Zimmerpflanzen brauchen mehr Luftfeuchtigkeit, als in zentral beheizten Räumen herrscht. In Bädern oder Küchen hingegen ist es oft feuchter. Man erhöht die Luftfeuchtigkeit, indem man einen Untersetzer bzw. Teller mit Kies oder Kieseln füllt und so viel Wasser hineingießt, dass die Steine fast völlg mit Wasser bedeckt sind. Dann stellt man die Pflanze darauf. Das verdunstende Wasser erhöht die Luftfeuchtigkeit. Man kann die Gewächse aber auch gelegentlich mit einer Sprühflasche anfeuchten, am besten morgens, damit das Laub bis zum Abend trocknet. Wie oft Sie eine Pflanze besprühen, hängt vom Raum ab. Braune Blattspitzen deuten auf zu trockene Luft hin. In Gegenden mit hartem Wasser sollten Sie destilliertes oder Regenwasser verwenden. Auch durch Zusammenstellen von Pflanzen zu Gruppen erhöht man die Luftfeuchtigkeit.

**Schwertfarn
(S. 96–97)**

Zierliche Bergpalme (S. 85)

Kentiapalme (S. 84–85)

WÄSSERN

Wenn Zimmerpflanzen eingehen, liegt es meist daran, dass sie falsch – und vor allem zu viel – gewässert werden. Hier erfahren Sie, wie Sie gesunde Gewächse gießen und welke retten.

WIE MAN WÄSSERT

Die meisten Pflanzen können von oben gewässert werden. Falls sie jedoch behaarte Blätter haben oder das Laub die Erde komplett bedeckt, sollte man von unten wässern, damit die Blätter nicht nass werden. Orchideen stellt man einfach kurz ins Wasser und lässt sie dann abtropfen – so holt sich ihr grobkörniges Substrat genau die richtige Flüssigkeitsmenge. Das Gießwasser sollte lauwarm sein. Lassen Sie einen Eimer draußen stehen, um immer etwas Regenwasser als Vorrat zu haben. Denn manche Gewächse, etwa Bromelien, reagieren empfindlich auf hartes Leitungswasser.

VON OBEN

Für die meisten Pflanzen ist eine Gießkanne mit langer Tülle ideal. So kann man das Substrat gut erreichen. Befeuchten Sie die Erde um den Ansatz der Pflanze gleichmäßig. Überschüssiges Wasser lässt man ablaufen.

Dieffenbachie
(S. 62–63)

VON UNTEN

Wenn Blätter nass werden, können sie fleckig werden oder sogar faulen. Stellen Sie den Topf deshalb rund 30 Minuten lang in einen wassergefüllten Untersetzer, danach Wasser abgießen.

Alpenveilchen
(S. 60–61)

UNTERTAUCHEN

Orchideen werden auf diese Art und Weise gewässert: Stellen Sie den Topf etwa 10 Minuten lang in ein mit lauwarmem Wasser gefülltes Gefäß. Anschließend lässt man ihn gut abtropfen.

Phalaenopsis
(S. 102–103)

WIE VIEL WÄSSERN?

Wann muss gewässert werden? Und wenn ja, wie stark? Um das herauszufinden, sollten Sie Folgendes in Betracht ziehen:

→ **Zu starkes Wässern** ist der Hauptgrund für ruinierte Zimmerpflanzen. Zu wenig Wasser tut Ihren Gewächsen aber auch nicht gut.

→ **Gießen Sie nicht stur nach Zeitplan** – richten Sie sich lieber nach dem individuellen Bedarf Ihrer Pflanze. Die meisten Gewächse müssen erst gegossen werden, wenn die obersten 1–2 cm des Substrats trocken sind. Sie prüfen das, indem Sie den Finger in die Erde stecken. Hat eine Pflanze eine Blattrosette, die das Substrat bedeckt, müssen Sie allerdings anhand des Topfgewichts herausfinden, ob noch genug Wasser im Topf ist.

→ **Das Substrat sollte feucht,** aber nicht nass sein. Die meisten Zimmerpflanzen vertragen kein sumpfiges Milieu. Überschüssiges Wasser lässt man ablaufen.

→ **In Tongefäßen** trocknet Substrat schneller aus als in einem Plastik- oder Keramiktopf, da Ton porös ist und das Gießwasser schneller verdunstet.

→ **Die meisten Pflanzen brauchen im Winter weniger Wasser,** da sie in dieser Zeit nicht wachsen. Einige fordern sogar eine Winterruhe ein, um wieder blühen zu können.

ZU WENIG WASSER

Welkt Ihre Pflanze, kann es am Wassermangel liegen. Prüfen Sie auf jeden Fall das Substrat, denn sie kann auch welken, weil sie zu stark gegossen wurde.

☀ **DIE RETTUNG** *Bringen Sie Ihre Pflanze an einen schattigen Platz und füllen Sie eine Schüssel mit lauwarmem Wasser. Tauchen Sie die Pflanze nun in ihrem Plastiktopf mit Abzugslöchern in das Wasser; ggf. muss er beschwert werden. Lassen Sie den Topf etwa 30 Minuten im Wasser stehen, dann herausnehmen und abtropfen lassen. Binnen einer Stunde sollte die Pflanze sich wieder erholen.*

**Einblatt
(S. 124–125)**

ZU VIEL WASSER?

Auch zu viel Wasser kann Pflanzen welken lassen. Es befördert sie sogar noch schneller ins Jenseits als zu wenig Wasser.

☀ **DIE RETTUNG** *Holen Sie die Pflanze aus dem Topf und wickeln Sie den Ballen in Zeitungs- oder Küchenpapier – ggf. auch mehrmals, bis das Papier die Feuchtigkeit aufgesaugt hat. Setzen Sie den Ballen nun in frisches Substrat. Die Pflanze sollte nicht in der prallen Sonne stehen. Halten Sie das Substrat einige Wochen nur ganz leicht feucht.*

Holen Sie die Pflanze aus beiden Töpfen.

**Usambaraveilchen
(S. 112–113)**

DÜNGEN & PFLEGEN

*Um Pflanzen am Leben zu erhalten, braucht man mehr als nur Wasser:
Ohne Nährstoffgaben geht bei den meisten Gewächsen nichts. Außerdem
lohnt es sich, das Grün jede Woche ein paar Minuten lang abzusuchen
und auszuputzen. Aufmerksamkeit lässt Pflanzen gedeihen.*

DÜNGEN

Alles Grün braucht Nährstoffe. Fleischfressende Pflanzen holen sie sich selbst,
ansonsten aber müssen die meisten Zimmerpflanzen gedüngt werden. Beginnen
Sie mit der Gabe von Nährstoffen ein paar
Wochen, nachdem Sie Ihr Prachtstück
gekauft haben oder einige Monate nach
dem Umtopfen. Im Frühjahr und Sommer
gibt man einfach Flüssigdünger ins Gießwasser – in der Regel einmal im Monat.
Halten Sie sich dabei an die Dosierempfeh-
lung des Herstellers – ein Zuviel kann der
Pflanze schaden. Gedüngt wird am besten,
wenn das Substrat bereits feucht ist. So
gelangen die Nährstoffe direkt zu den
Wurzeln und laufen nicht ungenutzt ab.
Mit noch weniger Pflegeauf-
wand kommt man davon,
wenn man Langzeitdünger-
granulat oder Düngestäb-
chen verwendet. Sie geben
jedesmal beim Wässern etwas
Nährstoffe ab. Im Winter sollten
Zimmerpflanzen nicht gedüngt
werden, außer es handelt sich
um Winterblüher.

**Strahlenaralie
(S. 118–119)**

*Flüssigdüger
kommt ins
Gießwasser.*

*Langzeitdünger wird ins
Substrat gemischt.*

WACHSAM BLEIBEN

Lernen Sie Ihre Mitbewohner kennen! Es reicht schon, sie jede Woche ein, zwei Minuten lang unter die Lupe zu nehmen. So erkennen Sie Probleme bereits im Ansatz und können schnell darauf reagieren. Dann werden Ihre Pflanzen immer gut aussehen und gesund bleiben.

SÄUBERN

Wischen Sie Blätter mit einem sauberen, feuchten Tuch ab, denn Staub blockiert Licht. Palmen kann man im Winter auch lauwarm abduschen oder im Sommer bei Regen nach draußen stellen. Behaarte und stachelige Pflanzen werden am besten mit einem weichen Pinsel gereinigt.

Behaartes Laub entstaubt man mit einem Pinsel.

Bei wächsernen Blättern reicht ein feuchtes Tuch.

AUSPUTZEN

Zwicken Sie altes Laub und verwelkte Blüten ab. Das regt die Pflanze zu frischem Flor an und verhindert, dass vertrocknete Blüten auf Blätter fallen und sie faulen lassen.

Entfernen Sie altes, vertrocknetes Laub.

Drachenbaum (S. 68–69)

ABSUCHEN

Vorbeugen ist besser als Heilen. Sieht eine Pflanze krank aus, wird sie entweder falsch behandelt oder leidet unter Schädlingen bzw. Krankheiten (siehe S. 24–27 und S. 28–29).

Weiße Fliegen

Blattläuse

UMTOPFEN

Früher oder später ist die alte Topferde ausgelaugt.
Dann muss eine Pflanze umgetopft werden. In der
Regel ist sie mit der Zeit außerdem größer geworden
und braucht deshalb ein etwas voluminöseres Gefäß.

WANN MAN UMTOPFT

Die meisten Pflanzen brauchen einen neuen Topf,
wenn ihre Wurzeln am Rand des Ballens dicht gedrängt
wachsen. Um das zu überprüfen, ziehen Sie Ihr Exemplar vorsichtig aus dem Gefäß. Der neue Topf sollte
nur geringfügig größer als der alte sein: Rund 5 cm
mehr Durchmesser sind ideal. Ist ein Gefäß zu groß,
verschwendet man Substrat und erhöht die Gefahr von
Staunässe. Die meisten Pflanzen sind mit
Blumen- bzw. Universalerde zufrieden,
Orchideen, Kakteen und einige
andere aber brauchen Spezialerde. Verwenden Sie keine
Gartenerde. Umgetopft wird
am besten im Frühjahr
oder Sommer. Manche
Gewächse wirken nach
dem Umsiedeln etwas mit-
genommen, erholen sich
normalerweise aber bald.

Frisches
Substrat

PFLANZEN IN
KLEINEN TÖPFEN
Kleine Pflanzen
bekommen einen
etwas größeren Topf
mit frischem Substrat.

PFLANZEN IN
GROSSEN TÖPFEN
Das Umtopfen großer Pflan-
zen kann zum Kraftakt wer-
den. Eine unkomplizierte
Alternative ist die Kopfdün-
gung. Dazu entfernt man
die oberste, 5–8 cm dicke
Erdschicht, ohne Wurzeln
zu verletzen, und ersetzt sie
durch frische Erde.

Dieffenbachie
(S. 62–63)

Aus den Abzugs-
löchern wachsen
bereits Wurzeln.

Geigen-Feige
(S. 76–77)

WIE MAN UMTOPFT

So topfen Sie Pflanzen korrekt um. Sie brauchen: einen neuen Topf und frisches Substrat.

1 Pflanze vor dem Umtopfen noch einmal gründlich wässern. So lässt sie sich leichter aus dem Gefäß holen und ist nicht so stark gestresst.

2 Auf den Boden des neuen, etwas größeren Topfs eine Lage frisches Substrat geben.

3 Pflanze umdrehen und dabei am Ansatz festhalten. Vorsichtig aus dem Topf klopfen.

6 Pflanze wässern und überschüssiges Wasser ablaufen lassen.

Zwischen Substrat und Topfrand 2–3 cm Platz lassen.

4 Pflanze in den neuen Topf setzen. Zwischen Substratoberfläche und Topfrand etwas Platz lassen.

5 Um den Wurzelballen herum Substrat einfüllen und leicht festdrücken.

»Nach dem Umtopfen pflegen Sie die Pflanze ganz normal weiter.«

SCHÄDLINGE

Unerwünschte Mitesser können einer Pflanze zusetzen oder ihr sogar völlig den Garaus machen. Hier einige Tipps, wie Sie erste Anzeichen eines Befalls erkennen, und was Sie tun können, um Ihr Gewächs zu retten.

SCHÄDLINGE STOPPEN

Eine gesunde Pflanze läuft am wenigsten Gefahr, sich Plagegeister einzufangen. Schädlinge befallen bevorzugt gestresste, kranke Exemplare. Sollte es doch einmal zu einem Befall kommen, helfen oft natürliche Bekämpfungs- oder Hausmittel wie eine Brühe aus Schmierseife und Spiritus. Dazu gibt man je 15 ml Schmierseife und Spiritus in 1 l Wasser und sprüht alle zwei bis drei Tage. Chemische Insektizide und Fungizide sollte man möglichst vermeiden.

Klebefallen (Gelb-Sticker) sind gut gegen Blattläuse, Weiße Fliegen und Thripse. Sie zeigen außerdem die Schwere des Befalls.

Wer viele Zimmerpflanzen auf engem Raum zieht, kann auch natürliche Feinde der Schädlinge einsetzen. Entsprechende Nützlinge können per Post bestellt werden.

Gelb-Sticker

Begonie (S. 44–45)

Symbole

Das Symbol zeigt, wo Sie die Schädlinge finden.

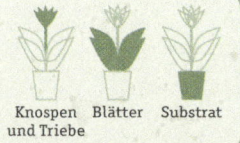

Knospen und Triebe   Blätter   Substrat

»Schädlinge befallen bevorzugt gestresste, kranke Pflanzen.«

SCHÄDLINGE

Folgende Schädlinge entdeckt man oft auf Zimmerpflanzen. Sind Gewächse besonders anfällig für einen Befall, wird auf den jeweiligen Seiten gezielt darauf eingegangen.

WEISSE FLIEGEN

Sie verstecken sich auf der Unterseite des Laubs. Bewegt man die Pflanze, fliegen Wolken winziger weißer Insekten auf.

♥ **BEKÄMPFUNG** *Stellen Sie die Pflanze nach draußen und spritzen Sie die Fliegen mit einem Wasserstrahl weg. Oder tauchen Sie die ganze Pflanze in lauwarmes Wasser. Eine Klebefalle dezimiert die Schädlinge.*

Begonienblatt

TRAUERMÜCKEN

Die winzigen braunen oder schwarzen Insekten sitzen auf der Pflanze. Die Weibchen legen ihre Eier in der Topferde ab. Die daraus schlüpfenden Larven ernähren sich von organischer Substanz in der Erde, können aber auch die Wurzeln schädigen. Gesunde Pflanzen halten sie aus, schwache nicht.

♥ **BEKÄMPFUNG** *Lassen Sie die obersten 1–2 cm der Topferde austrocknen (was den meisten Pflanzen sowieso behagt). Ein Gelb-Sticker lockt die Tiere von der Pflanze weg. Bedecken Sie die Oberfläche des Substrats mit einer Schicht feinem Kies, damit die Mücken ihre Eier nicht mehr in die Erde legen können.*

MINIERFLIEGEN

Die Larven der Fliegen verursachen braune, weiße oder durchscheinende Fraßgänge, manchmal auch weiße Flecken auf den Blättern.

♥ **BEKÄMPFUNG** *Befallene Blätter sorgfältig entfernen. Da man die Larven im Gegenlicht gut erkennt, kann man sie einfach zerdrücken.*

Die Larven fressen Gänge in die Blätter.

Chrysanthemenblatt (S. 54–55)

THRIPSE

Thripse oder Fransenflügler sind winzige braune oder schwarze, Saft saugende Insekten. Man findet sie auf Pflanzen, die eine Weile draußen standen. Befallszeichen sind matte, fleckige Blätter, silbrig weiße Streifen auf Blättern oder Blüten und Deformierungen.

♥ **BEKÄMPFUNG** *Mit Blau-Stickern kann man die Schädlinge dezimieren. Hilfreich sind eine Schmierseifen-Spiritus-Brühe oder pyrethrum- bzw. neemhaltige Präparate. Für eine hohe Luftfeuchtigkeit sorgen.*

Fleckige Blätter

Krotonblatt (S. 119)

Fortsetzung

ROTE SPINNMILBEN

Achten Sie auf bleiches oder gesprenkeltes Laub, Spinnfäden zwischen den Blättern und Trieben sowie abfallende Blätter. Mit einem Vergrößerungsglas erkennt man auf der Unterseite der Blätter die Milben.

♥ **BEKÄMPFUNG** *Wirkung zeigen biologische Bekämpfungsmethoden wie der Einsatz von Raubmilben oder Präparate auf Paraffinöl-Basis. Rote Spinnmilben mögen es heiß und trocken. Durch tägliches Besprühen zur Erhöhung der Luftfeuchtigkeit kann man sie fernhalten.*

Efeublatt (S. 80–81)

> »Suchen Sie Ihre Pflanzen regelmäßig ab und reagieren Sie rechtzeitig.«

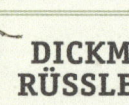

DICKMAUL-RÜSSLER

Wenn Ihre Pflanze welkt und einzugehen droht, obwohl sie weder zu viel noch zu wenig gewässert wurde, können die Larven des Dickmaulrüsslers schuld daran sein. Man findet sie oft im Substrat von Exemplaren, die eine Weile draußen gestanden haben. Dort fressen sie Wurzeln, Zwiebeln oder Knollen an.

♥ **BEKÄMPFUNG** *Käfer absammeln und die Pflanze umtopfen, dabei sorgfältig die alte Erde entfernen. Gegen die Larven hilft auch der Einsatz von Nematoden. Sind die Wurzelschäden zu groß, ist die Pflanze verloren.*

Suchen Sie das Substrat nach Larven ab.

Echeverie (S. 72–73)

BLATTLÄUSE

Blattläuse können grün, schwarz, grau oder orange sein. Sie setzen sich an Triebspitzen oder Blütenknospen fest und saugen dort Saft. Sie sondern ein Sekret namens Honigtau ab, das von Schwärzepilzen besiedelt wird. Außerdem können sie Viren übertragen.

❤ **BEKÄMPFUNG** *Man duscht die Pflanze kräftig ab. Die Läuse zerdrückt man mit den Fingern oder bekämpft sie mit Gelb-Stickern oder Präparaten z. B. auf der Basis von Kaliseife.*

**Silbernetzblatt
(S. 78–79)**

SCHILDLÄUSE

Die napfartigen Läuse sitzen wie braune Klumpen an den Trieben und Blattunterseiten. Sie sondern einen klebrigen Saft ab, auf dem sich Schwärzepilze ansiedeln können. Werden sie nicht bekämpft, schwächen sie die Pflanze und lassen die Blätter gelb werden.

❤ **BEKÄMPFUNG** *Man zerreibt die Schildläuse und behandelt befallene Stellen mit einem Präparat, z. B. auf Basis von Paraffinöl. Auch das Einsprühen mit einer Schmierseifen-Spiritus-Brühe kann helfen.*

Schildläuse sammeln sich gern in der Blattmitte.

**Strahlen-
aralie
(S. 118–119)**

WOLLLÄUSE

Wollläuse, auch Schmierläuse genannt, sind langsam kriechende, mit weißem Flaum bedeckte Insekten. Sie setzen sich in Blattachseln und auf der Blattunterseite fest, saugen Saft und sondern klebrigen Honigtau ab, auf dem sich Schwärzepilze festsetzen. Blätter können gelb werden und abfallen.

☀ **BEKÄMPFUNG** *Wischen Sie die Tiere mit einem feuchten Tuch ab. Wirksam sind auch paraffinölhaltige Präparate oder das Einsprühen mit einer Schmierseifen-Spiritus-Brühe. Wollläuse sind allerdings schwer loszuwerden. Stark befallene Pflanzen sollten entsorgt werden.*

**Orchidee
(S. 102–103)**

KRANKHEITEN

Eine gute Pflege ist die beste Vorbeugung gegen Pflanzenprobleme. Trotzdem sollte man aber stets auf der Hut bleiben. So erkennen und bekämpfen Sie Krankheiten, die Ihre Gewächse befallen haben.

Grau-
schimmel

**Usambaraveilchen
(S. 112–113)**

Pflanze
geht ein.

**Alpenveilchen
(S. 60–61)**

Mehlige
Flecken

**Ufopflanze
(S. 108–109)**

BOTRYTIS (GRAU-SCHIMMEL)

Auf der Pflanze macht sich ein grauer Schimmel breit, vor allem in kühlen, feuchten und beengten Verhältnissen.

❤ BEKÄMPFUNG

Die Pflanze von unten wässern, damit die Blätter nicht nass werden. Befallene Stellen und schimmliges Substrat entfernen. Die Pflanze mit Schachtelhalmbrühe behandeln. Weniger wässern und sprühen und die Durchlüftung verbessern.

WURZEL-HALS- UND STÄNGELFÄULE

Der Ansatz der Pflanze fault. Schuld sind meist zu starkes Wässern oder zu kühle Bedingungen.

☀ BEKÄMPFUNG

Durch Herausschneiden befallener Pflanzenteile sowie durch Umtopfen kann man versuchen, die Pflanze zu retten. Wässern Sie weniger und stellen Sie die Pflanze an einen warmen, gut durchlüfteten Platz.

ECHTER MEHLTAU

Auf den Blättern bilden sich mehlig weiße Flecken, vor allem wenn Pflanzen sehr dicht stehen, nicht genug gewässert werden oder einen zu heißen Standort mit hoher Luftfeuchtigkeit haben. Der Pilz schwächt die Pflanze.

❤ BEKÄMPFUNG

Entfernen Sie befallenes Laub und sprühen Sie die Pflanze mit einer Milch-Wasser-Mischung (1:8) ein. Verbessern Sie den Luftaustausch.

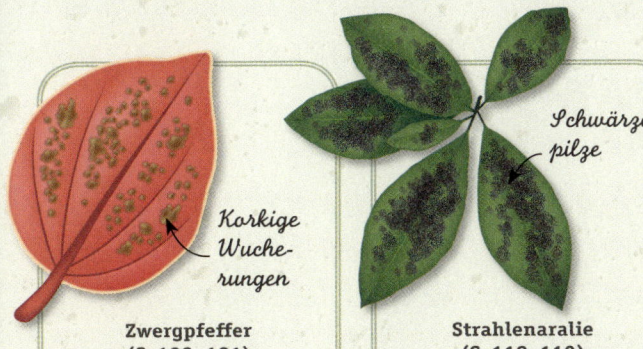

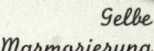

Schwärze-
pilze

Korkige
Wuche-
rungen

Gelbe
Marmorierung

Zwergpfeffer
(S. 100–101)

Strahlenaralie
(S. 118–119)

Porzellanblume
(S. 88–89)

KORKFLECKEN

Suchen Sie die Blattun-
terseite nach korkigen
Flecken ab. Ursache sind
Staunässe, hohe Luftfeuchtigkeit und Lichtmangel.

❤ **BEKÄMPFUNG**
Wässern Sie weniger, sor-
gen Sie für trockenere Luft
und stellen Sie die Pflanz
an einen helleren Platz.

SCHWÄRZEPILZE

Der schwarze Pilzüberzug
gedeiht auf den Ausschei-
dungen von Blattläusen,
Weißen Fliegen sowie
Schild- und Wollläusen.

❤ **BEKÄMPFUNG**
Wischen Sie den Überzug
mit einem feuchten Tuch
weg und befreien Sie die
Pflanze von den Schädlin-
gen (siehe S. 24–27).

VIREN

Geflecktes, marmoriertes
Laub, Kümmerwuchs und
weiße Streifen auf Blüten
deuten auf einen Virenbe-
fall hin.

❤ **BEKÄMPFUNG**
Viren werden von Schädlin-
gen übertragen, doch kann
die Pflanze bereits infiziert
gekauft worden sein. Ein
Gegenmittel gibt es nicht.

Blatt-
flecken

Geigen-Feige
(S. 76–77)

BLATTFLECKENKRANKHEIT

Auf dem Laub erscheinen braune
oder schwarze Flecken, oft mit
gelbem Rand. Das ganze Blatt kann
welken. Ursache sind Pilze oder
Bakterien. Die Befallsgefahr ist bei
hoher Luftfeuchtigkeit und unter
beengten Bedingungen größer.

❤ **BEKÄMPFUNG** *Entfernen Sie*
befallene Blätter und sorgen Sie für
eine ausgewogene Düngung. Sorgen
Sie für trockene Luft und mehr Platz.

WURZELFÄULE

Die Pilzinfektion befällt die Wurzeln. Sie lässt
Blätter gelb, später braun werden und welken.
Irgendwann fällt die ganze Pflanze um. Erkrankte
Wurzeln sind weich und dunkel. Ursache ist zu
starkes Wässern.

❤ **BEKÄMPFUNG** *Holen Sie die*
Pflanze aus der Erde, um die Wurzeln
zu prüfen. Schneiden Sie befallene
Wurzeln ab und lassen Sie nur
gesunde übrig. Dann wird die
Pflanze zurückgeschnitten. Setzen
Sie das Gewächs in
frische Erde sowie
einen desinfizier-
ten Topf. Spezial-   Weiche,
dünger helfen, die   faulige
Pflanze zu stärken. **Kaktus (S. 98–99)**   Stellen

ZIMMER-PFLANZEN

Wie Sie Pflanzen optimal pflegen und Probleme beseitigen

FRAUENHAARFARN

Adiantum raddianum

Der filigrane, übergebogene Farn ist eine Diva und nicht ganz leicht zu kultivieren. Er braucht Feuchtigkeit, Wärme und ein schattiges Plätzchen.

OPTIMALE PFLEGE

STANDORT

Ideal sind 15–21 °C. Im Winter nicht kälter als 10 °C stellen. Abstand zu Heizkörpern wahren. Keine Zugluft. Braucht viel Luftfeuchtigkeit, daher gut für Badezimmer.

LICHT

Keine direkte Sonne. Ideal ist ein Standort 1 m vor einem Nordfenster oder im gedämpften Licht eines Ostfensters.

WÄSSERN UND DÜNGEN

Wässern, wenn die obersten 1 cm des Topfballens trocken sind. Überschüssiges Wasser ablaufen lassen. Erde feucht halten. Im Frühjahr und Sommer monatlich düngen.

SONSTIGE PFLEGE

Auf einen mit Kies gefüllten Untersetzer stellen und Wedel regelmäßig besprühen, vor allem in warmen, trockenen Zimmern. Alte Wedel abschneiden.

ALARM!
(siehe S. 24–27) | Das Laub ist anfällig für **Schildläuse** und **Wollläuse.**

BRAUNE, TROCKENE WEDEL

Schuld ist zu trockene Luft, Zugluft, Nähe zu Heizkörpern, zu viel Sonne oder trockenes Substrat.

💗 **RETTUNG** *Geschädigte Wedel werden abgeschnitten. Prüfen Sie, ob die Pflanze nicht zu hell oder zu nah an einem Heizkörper steht. Stellen Sie den Farn auf einen Untersetzer mit feuchtem Kies und sorgen Sie dafür, dass das Substrat feucht bleibt.*

BLASSES LAUB

Wenn die Blätter bleich werden, kann zu viel direkte Sonne schuld sein. Oft finden sich dann auch versengte Stellen. Der Farn kann aber auch zu dunkel stehen. Vielleicht muss er nur gedüngt werden.

☀ RETTUNG *Stellen Sie die Pflanze an einen Platz mit gedämpftem Licht. Düngen Sie ggf.*

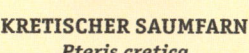

KRETISCHER SAUMFARN
Pteris cretica
Er braucht ähnliche Pflege wie der Frauenhaarfarn. Nur auf bisweilen trockenes Substrat reagiert er nicht ganz so empfindlich.

Adiantum raddianum
Höhe und Breite: bis zu 40 cm

GELBE BLÄTTER

Ursache: zu viel oder zu wenig Wasser, zu starke Temperaturschwankungen

☀ RETTUNG *Das Substrat darf nicht staunass sein. Stellen Sie den Farn nicht neben Heizkörper oder eine Klimaanlage.*

KANARISCHER HASENPFOTENFARN
Davallia canariensis
Er benötigt weniger Wasser und Luftfeuchtigkeit als der Frauenhaarfarn.

LANZENROSETTE

Aechmea fasciata

Lanzenrosetten sind Bromelien mit exotischem Aussehen und lange haltenden Blüten. Die Blattrosette bildet einen Trichter, in dem sich Wasser sammelt.

OPTIMALE PFLEGE

STANDORT
Ein warmer Raum mit 13–27 °C. Wichtig ist gute Luftzirkulation, daher sollte das Fenster häufig geöffnet werden.

LICHT
Viel Licht, aber keine direkte Sonne, sonst versengen die Blätter.

WÄSSERN UND DÜNGEN
Direkt in den Trichter gießen – es sollten immer 2–3 cm Wasser darin stehen. Destilliertes, gefiltertes Wasser oder Regenwasser verwenden. Trichter alle 2–3 Wochen leeren und frisch auffüllen. Substrat im Sommer wässern, wenn die Oberfläche trocken ist. Anschließend Wasser ablaufen lassen.

SONSTIGE PFLEGE
In warmen Räumen Topf auf kies- und wassergefüllten Untersetzer stellen. Laub ein- bis zweimal wöchentlich besprühen.

> **ALARM!**
> (siehe S. 24–27)
>
> Das Laub kann von **Wollläusen** und **Schildläusen** befallen werden.

BRAUNE, FAULENDE ODER WELKE BLÄTTER

Ursache: Wurzel- oder Wurzelhalsfäule aufgrund von viel Wasser

💜 **RETTUNG** *Auf Wurzel- oder Wurzelhalsfäule untersuchen. Geschädigte Stellen abschneiden und die Pflanze in frische Erde und einen sauberen Topf umtopfen. Evtl. Spezialdünger zur Stärkung geben.*

Braunes Blatt

ABSTERBENDE BLÜTE UND PFLANZE

Dies ist normal.

💜 **RETTUNG** *Schneiden Sie die Blüte so nah am Laub ab wie möglich. Lanzenrosetten blühen nur einmal, wenn man sie aber weiter pflegt, bilden sie am Ansatz Kindel. Sobald diese Tochterpflanzen ein Drittel der Größe ihrer Elternpflanze haben, schneidet man sie vorsichtig ab und topft sie einzeln ein.*

HELLES LAUB

Ursache: zu trockene Luft oder pralle Sonne

☀ **RETTUNG** *Pflanze an einen schattigeren Platz stellen und Blätter regelmäßig besprühen.*

BRAUNE BLATTSPITZEN

Kann auf heiße, trockene Luft, zu häufiges oder seltenes Gießen oder zu hartes Wasser zurückzuführen sein.

☀ **RETTUNG** *Trichter auffüllen und Substrat leicht wässern. Blätter des Öfteren besprühen. Falls zu hartes Wasser das Problem sein könnte, weiches Wasser verwenden.*

ÄHNLICH BEHANDELN

FLAMMENDES SCHWERT
Vriesea splendens
Diese Bromelie mit ihren ungewöhnlichen, schwertartigen Blütenschäften braucht eine ähnliche Pflege.

GUZMANIE
Guzmania lingulata
Eine weitere beliebte Bromelie. Sie wird vor allem wegen ihrer ananasartigen Blüte kultiviert.

Aechmea fasciata

Höhe und Breite: bis zu 50 cm

PFEILBLATT

Alocasia × amazonica

Das Pfeilblatt fällt durch seine beeindruckenden, stark geäderten, dunkelgrünen Blätter ins Auge. Die Pflanze mag es warm und feucht.

OPTIMALE PFLEGE

STANDORT

Am besten ist ganzjährig eine Temperatur von 18–21 °C. Nicht empfehlenswert ist ein Standort neben Heizkörpern, Klimaanlagen oder an einem zugigen Platz.

LICHT

Keine direkte Sonne im Sommer – ideal ist ein halbschattiger Platz. Im Winter kann man die Pflanze heller stellen.

WÄSSERN UND DÜNGEN

Substrat feucht halten, aber Staunässe vermeiden. Deshalb alle paar Tage nur leicht wässern – am besten mit weichem Wasser. Im Frühjahr und Sommer monatlich düngen. Im Winter weniger gießen.

SONSTIGE PFLEGE

Pfeilblätter bevorzugen hohe Luftfeuchtigkeit. Stellen Sie die Pflanze daher auf einen mit Kieseln und Wasser gefüllten Untersetzer und besprühen Sie das Laub häufig. Der Topf braucht einen guten Wasserabzug. Wenn die Wurzeln aus dem Gefäß wachsen, topft man im Frühjahr um.

BRAUNE FLECKEN AUF DEM LAUB

Ursache: Sonnenbrand

RETTUNG *Pflanze an einen Platz ohne direkte Sonne stellen.*

Braune Flecken

PFLANZE STIRBT AB

Scheint die Pflanze im Winter einzugehen, tritt sie vermutlich nur in eine Ruhephase. Das passiert, wenn die Temperaturen unter 15 °C fallen. Andernfalls behagen ihr die Bedingungen nicht.

RETTUNG *Handelt es sich nur um die Winterruhe, treibt sie im Frühjahr wieder aus. Ansonsten sollte man prüfen, ob Standort, Licht und Wassermenge stimmen.*

ALARM!
(siehe S. 24–27)

Das Laub ist anfällig für **Wollläuse**, **Schildläuse** und **Rote Spinnmilben**.

BRAUNE, BRÜCHIGE BLÄTTER

Ursache: zu niedrige Luftfeuchtigkeit oder zu hartes Gießwasser

❤ **RETTUNG** *Pflanze auf eine wasser- und kieselgefüllte Schale stellen und das Laub regelmäßig besprühen. Verwenden Sie weiches Wasser.*

Braune, brüchige Blätter

WELKENDE PFLANZE

Ursache: Die Pflanze wurde zu viel oder zu wenig gegossen. Zu starkes Wässern kann Wurzeln faulen lassen.

❤ **RETTUNG** *Prüfen Sie das Substrat und passen Sie die Wassergaben ggf. an. Besteht das Problem weiterhin, sehen Sie nach, ob die Wurzeln faulen. Schneiden Sie geschädigte Bereiche aus dem Wurzelballen heraus und topfen Sie die Pflanze um (siehe S. 28–29).*

Alocasia × amazonica

Höhe und Breite: bis 1,5 m

ECHTE ALOE

Aloe vera

*Der Saft dieser pflegeleichten Sukku-
lente mit stacheligen, fleischigen Blättern
hilft bei Verbrennungen und Hautreizungen.*

ALARM!
(siehe S. 24–27)

Das Laub ist
anfällig für
Schildläuse.

OPTIMALE PFLEGE

STANDORT
In einem Zimmer bei 10–24 °C kultivieren. Unter optimalen Bedingungen bilden
ältere Pflanzen gelbe Blüten.

LICHT
Ideal: ein heller Platz, z. B. in einem
Südfenster. Aloen kommen mit voller Sonne
zurecht, müssen aber daran gewöhnt werden.

WÄSSERN UND DÜNGEN
Im Frühjahr und Sommer erst wäs-
sern, wenn die oberen 2–3 cm des Substrats
trocken sind (je nach Standort nach einer
Woche). Im Winter kaum gießen. Einmal im
Frühjahr und einmal im Sommer düngen.

SONSTIGE PFLEGE
Aloen brauchen gut durchlässiges
Substrat. Mischen Sie in die Blumenerde
daher Kies, Perlit oder Kakteenerde. Eine
Lage Kies auf dem Topfballen hält den Ansatz
trocken und verhindert Fäulnis. Aloen werden erst umgepflanzt, wenn sie für ihr Gefäß
zu groß geworden sind. Sie bilden Kindel,
die man stehen lassen oder mit ihren Wurzeln
abschneiden und getrennt eintopfen kann.

GESCHRUMPFTE, RUNZELIGE BLÄTTER
Ursache: zu wenig Wasser

RETTUNG *Wässern Sie
leicht und besprühen Sie die Blätter
drei Tage lang täglich, dann sollte
das Laub wieder anschwellen. Aloen
vertragen keine nassen Füße.*

BRAUNE, ROTE ODER RÖT-LICH BRAUNE BLÄTTER
Schuld kann konstant nasse Erde oder
im Sommer zu viel Sonne um die Mit-
tagszeit sein. Möglicherweise sind die
Wurzeln bereits geschädigt.

RETTUNG *An einen hellen
Platz ohne direkte Sonne bringen.
Weniger wässern. Tritt keine Besse-
rung ein, Wurzeln untersuchen.*

Rotbraune Blätter

BLASSE ODER GELBE BLÄTTER

Wird die ganze Pflanze hell oder gelb, hat sie zu viel Wasser oder zu wenig Licht bekommen.

RETTUNG *Wässern Sie die Aloe weniger (siehe links) und stellen Sie sie an einen helleren Platz.*

AGAVE
Agave

Die Sukkulente eignet sich gut für ein sonniges Fenster und wird so behandelt wie eine Aloe. Manche Formen haben sehr spitze Stacheln.

DUNKLE FLECKEN, BRAUNE ODER WEICHE BLÄTTER

Ursache ist oft zu intensives Wässern.

RETTUNG *Erst wieder wässern, wenn der Topfballen ganz trocken ist. Pflanzgefäß mit Abzugslöchern wählen. Beim Wässern nicht die Blätter benetzen, da sie am Ansatz faulen können.*

Dunkle Flecken

Aloe vera
Höhe und Breite: bis 1 m

HAWORTHIE
Haworthia

Noch eine Stachelträgerin unter den Sukkulenten. In voller Sonne können sich die Blätter rot färben.

FLAMINGOBLUME

Anthurium

Die Flamingoblume oder Anthurie ist recht anspruchslos. Ihre wächsernen, exotischen, leuchtenden Blüten (Kolben mit Spatha) halten wochenlang.

OPTIMALE PFLEGE

✓ STANDORT

Flamingoblumen stammen aus den Tropen und brauchen Wärme sowie hohe Luftfeuchtigkeit. Man stellt sie in ein warmes, nicht zugiges Zimmer (15–20 °C).

☀ LICHT

Die Pflanze braucht viel Licht, verträgt aber keine direkte Sonne (gut ist z. B. ein Platz 1 m vor einem sonnigen Fenster).

WÄSSERN UND DÜNGEN

Vom Frühjahr bis zum Herbst mäßig wässern, sobald sich das Substrat trocken anfühlt. Der Ballen sollte leicht feucht, aber nicht nass sein. Im Winter weniger gießen. Im Frühjahr und Sommer monatlich düngen.

SONSTIGE PFLEGE

Um die Luftfeuchtigkeit zu erhöhen, Blätter (nicht die Blüten) regelmäßig besprühen oder Pflanze auf eine mit Kieseln und Wasser gefüllte Schale stellen. Laub häufig mit einem feuchten Schwamm abwischen. Welke Blüten vorsichtig abzupfen. Im Frühjahr in ein etwas größeres Gefäß umtopfen.

ALARM!
(siehe S. 24–27)

Befall durch **Wollläuse** und **Rote Spinnmilben** möglich

Sonnenbrand

BRAUNE BLATTSPITZEN

Ursache: zu trockene Luft oder zu starke Sonne – die Blätter versengen leicht.

❤ **RETTUNG** *Luftfeuchtigkeit durch regelmäßiges Besprühen der Blätter erhöhen oder Pflanze auf einem Untersetzer mit Kieseln und Wasser platzieren. Hell, aber nicht sonnig stellen.*

Anthurium
andraeanum
Höhe und
Breite:
bis 50 cm

VIELE BLÄTTER, ABER WENIG BLÜTEN

Ursache: Die Pflanze bekommt nicht genug Licht, steht in einem zu großen Topf oder wird zu wenig gedüngt.

💛 **RETTUNG** *An einen helleren Platz stellen. Wenn zwischen Wurzeln und Topfrand mehr als 1–2 cm Abstand ist, die Flamingoblume in ein kleineres Gefäß setzen. Monatlich düngen, um die Blüte zu fördern (siehe links).*

GELBES LAUB

Ursache: zu starkes Wässern oder Düngen

💛 **RETTUNG** *Die Pflanze darf keine nassen Füße bekommen. Gewässert wird erst, wenn der Topfballen trocken ist. Bei Bedarf ein, zwei Monate lang mit dem Düngen aussetzen.*

ZIER-SPARGEL

Asparagus densiflorus Sprengeri-Gruppe

Der pflegeleichte Zier-Spargel ist mit unserem
Gemüse-Spargel verwandt. Dank seines eleganten,
fiedrigen Laubs schätzt man ihn als Zimmerpflanze.

OPTIMALE PFLEGE

STANDORT

Pflanze in ein kühles Zimmer stellen (bei 7–21 °C) und nicht neben eine Wärmequelle. Braucht etwas Luftfeuchtigkeit und steht deshalb gern mit anderen Pflanzen zusammen. Gut für Bäder.

LICHT

Ideal ist viel indirektes Licht.

WÄSSERN UND DÜNGEN

Wässern, wenn die oberen 2–3 cm des Topfballens trocken sind. Das Substrat sollte aber weder völlig austrocknen noch staunass sein. Im Winter weniger gießen. Im Frühjahr und Sommer monatlich düngen.

SONSTIGE PFLEGE

Im Winter die Blätter gelegentlich besprühen, falls das Zimmer Zentralheizung hat. Gelbe Triebe bis zur Basis zurückschneiden. Pflanze im Frühjahr umtopfen, wenn sich die Wurzeln am Topfrand drängen.

Asparagus densiflorus Sprengeri-Gruppe

Höhe und Breite: bis zu 30 cm

GELBE BLÄTTER

Dass ältere Blätter im unteren Teil gelb werden, ist normal. Sieht man jedoch überall gelbes Laub, kann es der Pflanze zu warm oder zu hell sein. Auch zu starkes oder schwaches Wässern kommt als Ursache infrage. Das Substrat sollte nie staunass sein, da sonst die Wurzeln faulen.

💛 **RETTUNG** *Stellen Sie den Zier-Spargel nicht in die Nähe eines Heizkörpers oder gleich in ein kühleres Zimmer. Eventuell ist auch ein schattigerer Platz besser. Lassen Sie zwischen dem Gießen die oberen 2–3 cm des Ballens austrocknen. Untersuchen Sie die Wurzeln auf Wurzelfäule (siehe S. 28–29).*

Gelbe Blätter an der ganzen Pflanze

ALARM!
(siehe S. 24–27)

Zier-Spargel ist anfällig für **Rote Spinnmilben.**

BRAUNE BLATTRÄNDER

Die Pflanze hat zu viel Sonne oder zu wenig Wasser bekommen.

💛 **RETTUNG** *Schattig stellen. Wässern, dann Wasser ablaufen lassen.*

Braune Blätter

ÄHNLICH BEHANDELN

FEDER-SPARGEL
Asparagus setaceus
Er hat ähnliche Ansprüche wie der Zier-Spargel, braucht aber höhere Luftfeuchtigkeit und verträgt weniger Licht.

DREIECKIGER GLÜCKSKLEE
Oxalis triangularis
Eine hübsche Rhizompflanze, die im Winter einzieht

KÖNIGS-BEGONIE

Begonia rex

Die Königs-Begonie ist in etlichen Sorten erhältlich. Sie zeichnen sich alle durch ansprechendes Laub in vielerlei Farben wie Rot, Silber, Violett und Grün aus.

OPTIMALE PFLEGE

STANDORT

Am besten werden ganzjährig Temperaturen um 18–21 °C vertragen – wärmer sollte die Pflanze nicht stehen. Im Winter hält sie gerade noch 13 °C aus.

LICHT

Viel indirektes Licht, aber keine direkte Sonne, da sie das Laub versengt.

WÄSSERN UND DÜNGEN

Das Substrat sollte nach dem Wässern feucht sein. Im Sommer lässt man es zwischen dem Gießen aber etwas austrocknen. Ideal ist Wässern von unten, damit der Wurzelhals nicht im Wasser steht (siehe S. 20–21). Im Winter nur leicht feucht halten.

SONSTIGE PFLEGE

Bei Bedarf im Frühjahr umtopfen. Für gleichmäßiges Licht Gefäß regelmäßig drehen. Luft gut zirkulieren lassen.

> **ALARM!**
> (siehe S. 24–27)
> Anfällig für **Blattläuse, Rote Spinnmilben, Weiße Fliegen** und **Thripse**

BEMEHLTE BLÄTTER

Ursache: Echter Mehltau, oft durch Trockenheit, zu große Hitze oder zu schlechte Luftzirkulation verursacht

💛 **RETTUNG** *Befallene Blätter entfernen. Alle paar Tage mit einer Milch-Wasser-Mischung (1:8) einsprühen (siehe S. 28–29).*

Pulveriger Belag

BLATTFALL

Oft auf zu starkes Wässern oder zu viel Wärme zurückzuführen. Wird die Pflanze obendrein langtriebig, bekommt sie zu wenig Licht.

☀️ **RETTUNG** *An einen helleren Platz ohne direkte Sonne stellen. Temperatur prüfen und artgerecht wässern.*

GELBES LAUB

Kann auf zu viel bzw. zu wenig Wasser oder Licht zurückzuführen sein

☀ **RETTUNG** *Pflanze an einen passenderen Platz stellen und besser pflegen (siehe links).*

GRAUER PILZ-RASEN AUF PFLANZENTEILEN

Meist Grauschimmel (Botrytis), verursacht durch zu kühle oder zu feuchte Bedingungen, zu dichten Wuchs oder Wasser auf dem Laub

☀ **RETTUNG** *Pflanze isolieren, um die Ausbreitung der Krankheit zu verhindern. Befallene Teile abschneiden. Schachtelhalmbrühe sprühen (siehe S. 28–29).*

ÄHNLICH BEHANDELN

ELIATOR-BEGONIE
Begonia Eliator-Gruppe
Begonien mit kleinen hübschen Blüten in allerlei Farben. Regelmäßiges Ausputzen verlängert die Blüte.

KNOLLENBEGONIEN
Begonia
Zwicken Sie welke Blüten ab, um die Blühdauer zu verlängern. Zum Saisonende werden die Pflanzen zurückgeschnitten. Dann holt man die Knollen aus der Erde und lagert sie den Winter über an einem kühlen, trockenen Platz. Im Frühjahr wird frisch eingetopft.

Begonia rex
Höhe: bis 60 cm
Breite: bis 45 cm

DIE FÜNF BESTEN FÜR DEN
SCHREIBTISCH

Mehr Grün am Arbeitsplatz soll die Leistung steigern und Stress lindern. Untersuchungen zufolge können bestimmte Pflanzen zudem Gift aus der Luft filtern. Eine gute Schreibtischpflanze ist kompakt und braucht nicht viel Licht.

Glücksbambus

Dracaena sanderiana

Ob Ihnen der Glücksbambus eine Gehaltserhöhung oder Beförderung einbringt, ist nicht sicher. Aber er bringt Freude in den Arbeitstag. Man kann ihn in Erde pflanzen oder einfach in ein Glas mit weichem Wasser stellen.

Siehe Glücksbambus auf S. 70-71

Neoregelie

Neoregelia carolinae fo. tricolor

Man zieht diese Büroschönheit wegen ihres auffälligen Laubs, das sich kurz vor der Blüte rosa färbt. Der Trichter in der Mitte muss immer mit Mineralwasser gefüllt bleiben.

Siehe Neoregelie auf S. 49

Bogenhanf
Sansevieria cylindrica

Die auffällige Blatt-
schmuckpflanze ist mit
der Schwiegermutterzunge
verwandt. Sie hat zylindri-
sche Blätter, braucht kaum
Pflege und nimmt es einem
nicht übel, wenn man einmal
das Gießen vergisst oder in
Urlaub fährt.

Siehe Bogenhanf auf S. 115

Zwergpfeffer
Peperomia metallica

Zwergpfeffer sind attraktive Blattschmuckpflanzen. Sie eignen
sich hervorragend für den Arbeitsplatz, denn sie bleiben klein
und gedeihen auch im Neonlicht der Großraumbüros.

Siehe Zwergpfeffer auf S. 100–101

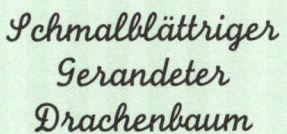

Schmalblättriger
Gerandeter
Drachenbaum
Dracaena marginata

Die unkomplizierte Pflanze filtert die
Luft und ist nicht beleidigt, falls man das
Wässern einmal vergisst. Sie kann ziemlich
hoch werden, nimmt aber wenig Platz weg.

Siehe Drachenbaum auf S. 69

ZIMMERHAFER

Billbergia nutans

Der Zimmerhafer zählt zu den unkompliziertesten Bromelien. Gut aufgehoben ist er in einer Blumenampel.

ALARM!
(siehe S. 24–27)

Auf dem Laub können sich **Woll-** und **Schild-läuse** festsetzen.

OPTIMALE PFLEGE

STANDORT
Stellen Sie die Pflanze in ein Zimmer mit 5–24 °C Raumtemperatur. Blühen wird sie aber nur im oberen Temperaturbereich.

LICHT
Hell, ohne direkte Sonne

WÄSSERN UND DÜNGEN
Füllen Sie den Trichter der Blattrosetten mit destilliertem, gefiltertem oder Regenwasser – es sollte immer 2–3 cm hoch darin stehen. Alle zwei, drei Wochen tauscht man es für mehr Frische am besten komplett aus. Das Substrat wird leicht feucht gehalten. Düngen Sie die Trichter im Frühjahr und Sommer mit Flüssigdünger in der halben empfohlenen Dosierung.

SONSTIGE PFLEGE
Pflanze auf eine kies- und wassergefüllte Schale stellen, damit sie genug Luftfeuchtigkeit hat. Blüte ab etwa drei Jahren. Welke Blüten abzupfen. Im Frühjahr nach der Blüte umtopfen. Mit der Zeit bilden sich Kindel, während ältere Blattbündel absterben. Größere Kindel separat eintopfen.

GELBE BLATTSPITZEN
Der Pflanze ist es vermutlich in ihrem Topf zu eng geworden.

☀ **RETTUNG** *Topfen Sie den Zimmerhafer im Frühjahr nach der Blüte um.*

BRAUNE BLATTSPITZEN

Ursache: trockene Luft oder zu hartes Gießwasser

💗 **RETTUNG** *Blätter bei Hitze häufig besprühen. Weiches Wasser verwenden.*

TROPFENDE BLÜTEN

Wenn man die Blüten berührt oder bewegt, sondern sie einen Saft ab. Dabei handelt es sich um Nektar.

💗 **RETTUNG** *Gegenmaßnahmen unnötig!*

Billbergia nutans
Höhe und Breite: 50 cm

BLAUE TILLANDSIE
Tillandsia cyanea
Diese Bromelie hat ähnliche Ansprüche wie der Zimmerhafer, mag es aber mit 14–25 °C Raumtemperatur etwas wärmer.

KEINE BLÜTEN

Zimmerhafer blüht ab einem Alter von etwa drei Jahren. Weigern sich ältere Pflanzen zu blühen, kann die Temperatur zu niedrig oder der Standort zu dunkel sein.

💗 **RETTUNG** *Stellen Sie Ihre Pflanze an einen wärmeren oder helleren Platz. Direkte Sonne verträgt sie jedoch nicht.*

NEOREGELIE
Neoregelia carolinae fo. tricolor
Diese Neoregelie wird genauso gepflegt wie die die Tillandsie oben. Vor der Blüte färbt sich die Mittelrosette rosa.

KORBMARANTE

Calathea

Die meisten Korbmaranten sind wegen ihres schönen Laubs beliebt. Die Art *Calathea roseopicta* besticht durch ihre roten Blattunterseiten.

OPTIMALE PFLEGE

STANDORT
Diese Pflanze stammt aus dem Regenwald, braucht es also warm (16–20 °C) und feucht, weshalb ein Badezimmer ideal ist. In Räumen mit starken Temperaturschwankungen leidet sie.

LICHT
Korbmaranten mögen es halbschattig bis hell, aber ohne direkte Sonne.

WÄSSERN UND DÜNGEN
Vom Frühjahr bis zum Herbst hält man das Substrat ständig leicht feucht, vermeidet aber Nässe. Verwenden Sie weiches Wasser – gechlortes Leitungswasser verträgt die Korbmarante nicht. Im Winter wird weniger gegossen, gedüngt einmal im Frühjahr, Sommer und Herbst.

SONSTIGE PFLEGE
Stellen Sie die Pflanze auf einen mit Kieseln und Wasser gefüllten Untersetzer und besprühen Sie sie täglich. Auch das Kombinieren mit anderen Pflanzen erhöht die Luftfeuchtigkeit. Gelegentlich Staub von den Blättern wischen. Im Frühjahr umtopfen.

Calathea roseopicta

Höhe: bis 25 cm

Breite: bis 15 cm

HÄNGENDE BLÄTTER

Hängendes Laub deutet auf zu starkes Wässern hin, kommt aber auch vor, wenn die Pflanze zu kalt oder zu zugig steht.

💗 **RETTUNG** *Das Substrat sollte feucht, aber nie staunass sein. Man wässert die Pflanze im Winter zurückhaltend und gönnt ihr einen wärmeren, geschützteren Platz.*

ALARM!
(siehe S. 24–27)

Das Laub ist anfällig für einen Befall durch die **Rote Spinnmilbe.**

Braune Ränder

BRAUNE SPITZEN UND RÄNDER

Ursache kann zu trockene Luft, eine Überdüngung oder Gießen mit zu hartem Wasser sein.

💗 **RETTUNG** *Besprühen Sie die Blätter täglich und stellen Sie die Pflanze auf eine kieselgefüllte Wasserschale. Verwenden Sie destilliertes bzw. gefiltertes Wasser oder Regenwasser.*

BLEICHE ODER VERSENGTE BLÄTTER

Die Pflanze stand wohl in der prallen Sonne.

💗 **RETTUNG** *Der Umzug an einen schattigeren Platz*

Verblasstes Blatt

ÄHNLICH BEHANDELN

PFEILWURZ
Maranta

Pfeilwurze haben dieselben Ansprüche wie Korbmaranten. Ihre Blätter falten sich nachts wie betende Hände.

BLUMENMARANTE
Stromanthe

Sie bevorzugen etwas mehr Luftfeuchtigkeit. Die Temperatur sollte nicht unter 18 °C fallen. Gießen Sie mit lauwarmem, weichem Wasser.

GRÜNLILIE

Chlorophytum comosum

Grünlilien sind ideale Einsteigerpflanzen, denn sie stellen wenig Ansprüche. Gut aufgehoben sind sie in einer Blumenampel.

ALARM!
(siehe S. 24–27)

Rote Spinnmilben
können dem Laub
zusetzen.

ⅠⅠ

OPTIMALE PFLEGE

STANDORT
Die Zimmertemperatur sollte 7–24 °C betragen.

LICHT
Grünlilien bevorzugen helle Standorte ohne direkte Sonne.

WÄSSERN UND DÜNGEN
Feucht halten, aber keine Staunässe. Im Winter zurückhaltender gießen. Alle paar Wochen düngen (nicht im Winter).

SONSTIGE PFLEGE
Jungpflanzen jedes Frühjahr in ein etwas größeres Gefäß umsetzen, ältere Pflanzen erst dann, wenn die weißen, fleischigen Wurzeln aus dem Topf herausdrängen und das Gießen erschweren. Ältere Grünlilien bilden Ableger, die man abschneiden und einzeln eintopfen kann. Haben sie bereits Würzelchen, setzt man sie direkt in frisches Substrat, andernfalls stellt man sie ein paar Wochen in Wasser, bis sich Wurzeln gebildet haben.

BRAUNE BLATTSPITZEN

Grünlilien vertragen zwar warme, trockene Räume mit Zentralheizung, können dann aber braune Blattspitzen entwickeln. Die gleiche Wirkung haben Nährstoffmangel und Trockenheit.

RETTUNG *Braune Spitzen abschneiden und Pflanze in ein kühleres Zimmer stellen. Regelmäßig düngen und wässern.*

BRAUNE BLATTSTREIFEN IM WINTER

Ursache: Die Pflanze wurde bei kühlen Temperaturen zu stark gewässert.

RETTUNG *Unansehnlich gewordene Blätter abschneiden. Im Winter weniger gießen – das Substrat sollte nur geringfügig feucht sein.*

Braune Streifen

GELBE BLÄTTER

Ursache: Wurzelballen zu trocken, Topf voll mit Wurzeln, Wurzelfäule

☀️ **RETTUNG** *Schneiden Sie unschöne Blätter heraus. Von Frühjahr bis Herbst wässern. Ist der Topf voll mit Wurzeln, muss umgetopft werden. Prüfen Sie den Ballen auch auf Wurzelfäule (siehe S. 28–29).*

BLASSES LAUB

Zu starke Sonne, zu wenig Wasser, zu wenig Licht oder zu niedrige Temperaturen im Winter lassen die Blätter ausbleichen.

☀️ **RETTUNG** *Holen Sie die Pflanze aus der prallen Sonne und wässern Sie gut. Im Winter stellt man sie in ein wärmeres, helleres Zimmer.*

ÄHNLICH BEHANDELN

EFEUTUTE
Epipremnum

Hat ähnliche Ansprüche wie die Grünlilie. An einer Moossäule hochwachsen oder aus dem Topf hängen lassen.

VERÄNDERLICHE PURPURTUTE
Syngonium podophyllum

Wie eine Grünlilie pflegen. Kann kletternd oder hängend wachsen. Sie ist ideal für Blumenampeln.

Chlorophytum comosum

Höhe: bis 20 cm

Breite: bis 30 cm

CHRYSANTHEME

Chrysanthemum

Chrysanthemen sind in vielerlei Farbsorten erhältlich. Ihre Blüten bleiben wochenlang geöffnet. Kaufen Sie Exemplare mit geöffneten Blüten und vielen Knospen.

OPTIMALE PFLEGE

STANDORT
Steht die Pflanze kühl bei 10–15 °C, halten die Blüten länger. Ideal ist ein Fenster in einem kühlen Raum.

LICHT
Sorgen Sie für viel indirektes Licht. Pralle Sonne tut der Pflanze nicht gut.

WÄSSERN UND DÜNGEN
Chrysanthemen brauchen viel Wasser. Halten Sie das Substrat ständig feucht, vermeiden Sie aber Staunässe. Nach einigen Wochen kann man düngen. Eine zweite Düngergabe ist nicht nötig.

SONSTIGE PFLEGE
Verblühtes wird herausgeschnitten. Die Pflanzen werden nach der Blüte oft entsorgt, doch kann man versuchen, sie in den Garten zu pflanzen. Normalerweise werden sie vor dem Kauf mit Wuchshemmern behandelt, im Freiland sollten sie aber wieder normal wachsen und blühen im Herbst vielleicht noch einmal.

WELKES LAUB
Die Pflanze braucht Wasser.

☀ **RETTUNG** *Gießen Sie ordentlich und halten Sie das Substrat leicht feucht, aber nicht zu nass.*

Welkes Blatt

BLÜHT NUR KURZ

Ist es Chrysanthemen zu warm, verblühen sie schneller.

❤ **RETTUNG** *Stellen Sie die Pflanze an einen kühleren Ort mit 10–15 °C.*

PELZIGER GRAUER SCHIMMEL AUF DEM LAUB

Grauschimmel (Botrytis) kann entstehen, wenn die Pflanze zu lange in Kunststofffolie eingepackt war.

❤ **RETTUNG** *Befallene Pflanzenteile entfernen und Pflanze mit Schachtelhalmbrühe behandeln(siehe S. 28–29).*

Pelziger Überzug

Chrysanthemum

Höhe und Breite: bis 30 cm

KNOSPEN ÖFFNEN SICH NICHT

Die Pflanze bekommt evtl. nicht genug Licht. Sind die Knospen komplett grün, bleiben sie oft zu.

❤ **RETTUNG** *Helleren Standort suchen.*

TOPFROSE
Rosa

Topfrosen blühen drinnen oft wochenlang. Man kann sie nach der Blüte in den Garten pflanzen. Sie treten im Winter in eine Ruhephase.

KISSEN-PRIMEL
Primula vulgaris

Sie bringen im Winter und Frühjahr willkommene Farbe ins Heim. Nach dem Verblühen kann man sie in den Garten setzen.

RIEMENBLATT

Clivia miniata

Riemenblätter stammen aus Südafrika. Sie haben im zeitigen Frühjahr schöne rote, orange oder gelbe Blüten, die zu mehreren an einem langen Stängel stehen.

OPTIMALE PFLEGE

STANDORT

Vom Frühjahr bis zum Spätherbst bleibt die Pflanze an ihrem normal warmen Standort. Im Winter stellt man sie an einen 10 °C kühlen Platz, wo sie in eine Ruhephase treten kann. Das regt sie zum Blühen an.

LICHT

Hell, ohne direkte Sonne

WÄSSERN UND DÜNGEN

Vom Frühjahr bis zum Spätherbst hält man das Substrat feucht und düngt monatlich. Im Winter wird weniger gewässert, sodass die Erde fast trocken ist, und überhaupt nicht gedüngt.

SONSTIGE PFLEGE

Wischen Sie die Blätter gelegentlich ab. Kurz vor und während der Blüte stellt man die Pflanze nicht um. Nach der Blüte wird der Blütenstängel am Ansatz gekappt. Mitunter folgt im Spätsommer eine zweite Blüte. Riemenblätter mögen es eng, sodass man nach dem Blühen nur dann umpflanzt, wenn die Wurzeln bereits aus dem Topf quellen.

HELLE ODER BRAUNE FLECKEN

Ursache: Sonnenbrand

❤ **RETTUNG**
Pralle Sonne meiden.

Ausgebleichte Flecken auf dem Laub

ALARM!
(siehe S. 24–27)

Mitunter setzen sich **Wollläuse** und **Rote Spinnmilben** auf dem Laub fest.

BRAUNE BLÄTTER AM ANSATZ

Dies ist der Fall, wenn älteres Laub vertrocknet.

❤ **RETTUNG** *Ein normaler Vorgang. Ziehen Sie die vertrockneten Blätter vorsichtig ab.*

GELBE BLÄTTER

Dies ist vermutlich auf zu wenig Nährstoffe oder zu wenig bzw. zu viel Wasser zurückzuführen.

❤ **RETTUNG** *Angemessen gießen und düngen (siehe links).*

Gelbe
Blätter

KURZER BLÜTENSTÄNGEL & KEINE BLÜTE IM FRÜHJAHR

Ursache ist meist eine fehlende Ruhephase im Winter, doch kann es auch an einem zu großen Topf oder zu wenig Wasser nach der Ruhephase liegen.

❤ **RETTUNG** *Wurde der Pflanze eine Ruhephase zugestanden, hält man anschließend das Substrat feucht. Der Topf sollte nur so groß sein, dass die Wurzeln nicht mehr als 2–3 cm vom Rand entfernt stehen.*

Clivia miniata

Höhe:
bis 45 cm

Breite:
bis 30 cm

GELDBAUM

Crassula ovata

Die pflegeleichte, langlebige Sukkulente sieht aus wie ein Minibaum und soll Glück bringen. Im Winter blüht sie manchmal sogar.

OPTIMALE PFLEGE

STANDORT
Die Pflanze gehört auf eine sonnige Fensterbank und braucht 18–24 °C. Im Winter verträgt sie gerade noch 10 °C.

LICHT
Hell, Streuschatten

WÄSSERN UND DÜNGEN
Mäßig wässern – die obersten 2–3 cm des Topfballens austrocknen lassen. Im Winter noch weniger gießen. Einmal im Frühjahr und ein zweites Mal im Sommer düngen.

SONSTIGE PFLEGE
Alte, vertrocknete Blätter abzupfen. Im Frühjahr die Pflanze geringfügig schneiden. Sie braucht einen schweren Topf, denn sie wird kopflastig und kann umfallen.

ALARM!
(siehe S. 24–27)

Ein Problem sind **Wollläuse** auf Trieben und Blättern.

GELBE BLÄTTER

Ursache: vermutlich zu starkes Wässern

♥ **RETTUNG**
Substrat komplett austrocknen lassen. Generell für guten Wasserabzug sorgen.

ABFALLENDES LAUB

Ältere Blätter werden schrumpelig und fallen ab – ein normaler Vorgang. Falls der Geldbaum aber frisches Laub abwirft, kann Stress (z. B. der plötzliche Wechsel an einen sonnigen Platz) oder falsches Wässern die Ursache sein.

♥ **RETTUNG** *Angemessen wässern. Beim Umstellen an einen anderen Standort die Pflanze nach und nach umsiedeln, damit sie sich langsam an den neuen Platz gewöhnen kann.*

← *Abgefallenes Laub*

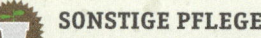

VERSCHRUMPELTE BLÄTTER

Der Pflanze fehlt es an Wasser.

💜 **RETTUNG** *Wässert man die Pflanze ein paar Tage lang immer nur ein bisschen, sollten die Blätter bald wieder anschwellen. Vermeiden Sie Staunässe.*

Runzelige Blätter ←

ERBSENPFLANZE
Senecio rowleyanus
Eine auffällige Hängepflanze mit ähnlichen Ansprüchen wie der Geldbaum

LEUCHTERBLUME
Ceropegia woodii
Eine weitere vorzügliche Ampelpflanze mit fleischigen Blättern

---

Crassula ovata
Höhe und Breite: bis 1 m

ZU LANGE TRIEBE

Die Pflanze braucht mehr Licht.

💜 **RETTUNG**
An einen sonnigeren Platz stellen.

ALPENVEILCHEN

Cyclamen persicum

Alpenveilchen sind Zimmerpflanzen mit Charme. Vom Herbst bis in das Frühjahr bezaubern sie mit leuchtenden Blüten.

OPTIMALE PFLEGE

✓ STANDORT

In einem kühlen Raum blühen Alpenveilchen für gewöhnlich monatelang, wenn man sie im Herbst, also zu Beginn der Blühperiode, im Knospenstadium kauft. Sie vertragen keine hohen Temperaturen, erfrieren aber auch leicht. Ideal sind 10–15 °C.

☀ LICHT

Direkte Sonne meiden – ideal ist ein Nordfenster.

💧 WÄSSERN UND DÜNGEN

Das Substrat sollte leicht feucht bleiben. Man wässert am besten von unten, indem man die Pflanze 30 Minuten in eine Schale mit Wasser stellt (siehe S. 18–19). So bleiben Blätter und Triebe trocken.

🪴 SONSTIGE PFLEGE

Zwicken oder zupfen Sie welke Blüten und Blätter ab. Alpenveilchen werden meist nach der Blüte weggeworfen, doch kann man sie durchaus jedes Jahr aufs Neue zum Blühen bringen (siehe rechts: *Keine Blüten mehr*).

mit

GELBES LAUB

Ursache: zu warmer oder zu sonniger Standort oder falsches Wässern. Gelbes Laub im Frühling deutet darauf hin, dass sie einzieht – eine natürliche Reaktion.

Gelbes Blatt

♥ **RETTUNG** *Gelbe Blätter entfernen. Aus der Sonne holen und an einen etwa 15 °C warmen Platz stellen. Substrat feucht halten und von unten wässern.*

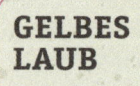

BLÜHT SCHLECHT

Die Pflanze blüht am besten bei niedrigeren Temperaturen, denn hohe versetzen sie in die Ruhephase. Gegen Saisonende, also im Frühjahr, ist es normal, dass sie aufhört zu blühen.

💜 **RETTUNG** *Prüfen Sie, ob das Alpenveilchen nicht zu warm steht, und pflegen Sie es korrekt (siehe links). Kaufen Sie Ihr Alpenveilchen im Herbst und achten Sie darauf, dass es viele Knospen hat. Dann blüht es besonders lange, denn die frischen Knospen öffnen sich bald und ersetzen Verblühtes.*

ÄHNLICH BEHANDELN

ZIMMER-AZALEE
Rhododendron simsii
Zimmer-Azaleen brauchen leicht feuchte Topferde und sollten mit weichem Wasser bzw. Regenwasser gewässert werden, da sie keinen Kalk vertragen. Um gut zu blühen, müssen sie kühl stehen.

PFLANZE GEHT EIN

Sie hat vermutlich zu viel Wasser bekommen und sich Wurzelhalsfäule eingefangen.

💜 **RETTUNG** *Untersuchen Sie den Ansatz der Triebe und entfernen Sie geschädigte Teile (siehe S. 28–29). Handelt es sich um Wurzelhalsfäule, ist die Pflanze kaum mehr zu retten.*

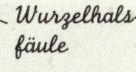

Wurzelhals-fäule

Cyclamen persicum
Höhe: bis 20 cm
Breite: bis 15 cm

KEINE BLÜTEN MEHR

Alpenveilchen ziehen im Sommer ein und treten in ihre Ruhephase.

💜 **RETTUNG** *Es gibt nichts zu retten – die Reaktion ist normal. Hören Sie im Frühjahr auf zu wässern, wenn sie nicht mehr blüht und die Blätter gelb werden. Dann stellen Sie das Exemplar den Sommer über an einen trockenen, schattigen Platz und halten das Substrat immer nur leicht feucht. In regenreichen Gegenden vor zu viel Nässe schützen, Staunässe meiden. Im Herbst holt man sie nach drinnen und fängt wieder an zu wässern, sobald sie neu austreibt.*

DIEFFENBACHIE

Dieffenbachia

Die Pflanze wurde früher auch Schweigrohr genannt. Denn sie enthält ein Gift, das Zunge und Schleimhäute anschwellen lässt, sodass man nicht mehr sprechen kann.

OPTIMALE PFLEGE

✅ STANDORT
Die Pflanzen brauchen 16–24 °C. Sie sind etwas kapriziös und vertragen weder Zug noch trockene Luft.

☀ LICHT
Im Sommer wählt man einen halbschattigen, im Winter einen helleren Platz für sie.

💧 WÄSSERN UND DÜNGEN
Frühjahr bis Herbst wässern, wenn die obere Erdschicht trocken ist, im Winter weniger. Monatlich düngen.

🪴 SONSTIGE PFLEGE
Häufig besprühen und auf einen mit Kieseln und Wasser gefüllten Untersetzer stellen, damit die Pflanze genügend Luftfeuchtigkeit bekommt. Blätter monatlich abwischen. Im Frühjahr umtopfen.

> **ALARM!**
> (siehe S. 24–27)
>
> Auf dem Laub können sich **Wollläuse** festsetzen.

GELBE UNTERE BLÄTTER
Ursache sind wohl zu niedrige Temperaturen oder Zugluft.

💗 **RETTUNG** *Man stellt die Pflanze in ein wärmeres Zimmer ohne Zugluft.*

BLASSES LAUB
Zu viel Licht oder pralle Sonne lässt die Blätter ausbleichen.

💗 **RETTUNG** *Stellen Sie Ihr Exemplar an einen schattigeren Platz.*

BLÄTTER FALLEN AB

Im Zimmer ist es zu kalt oder zugig.

☀❤ **RETTUNG** *Vermeiden Sie Zug und weisen Sie der Pflanze einen wärmeren Standort zu.*

BRAUNE BLATTRÄNDER

Zu trockenes Substrat und zu trockene oder kalte Luft können braune Blattränder hervorrufen. Möglich ist ferner Überdüngung.

☀❤ **RETTUNG** *So wässern, dass sich die Topferde feucht, aber nicht nass anfühlt. Zwischen den einzelnen Wassergaben die obersten 2–3 cm des Substrats austrocknen lassen. Luftfeuchtigkeit erhöhen, Dieffenbachie an einen wärmeren Platz stellen und wie links empfohlen düngen.*

Dieffenbachia seguine

Höhe und Breite: bis zu 60 cm

KLETTER-PHILODENDRON
Philodendron scandens
Er wird in der Regel mit Moosstab verkauft, an dem er hochklettern kann, und verträgt auch schattige Plätze.

ROTBLÄTTRIGER PHILODENDRON
Philodendron erubescens
Die langsam wachsende Kletterpflanze trägt violette Jungblätter.

VENUSFLIEGENFALLE

Dionaea muscipula

Die faszinierende fleischfressende Pflanze schließt ihre Blätter blitzschnell, wenn sich ein Insekt darauf setzt. Anschließend wird das Insekt langsam verdaut.

OPTIMALE PFLEGE

STANDORT
Ideal ist ein Südfenster in einem mäßig warmen Zimmer (7–21 °C). Im Winter stellt man die Venusfliegenfalle in ein unbeheiztes Zimmer mit etwa 7 °C.

LICHT
Hell, etwas direkte Sonne

WÄSSERN UND DÜNGEN
Während der Wachstumssaison das Substrat feucht halten (Topf in einen wassergefüllten Untersetzer stellen). Während der Ruhephase weniger wässern. Weiches Wasser verwenden. Nicht düngen, die Pflanze bekommt ihre Nährstoffe von den Insekten. Falls drinnen keine Insekten sind, im Sommer ab und zu nach draußen stellen.

SONSTIGE PFLEGE

In sehr nährstoffarme Spezialerde pflanzen. Abgestorbene Fallen abzwicken. Venusfliegenfallen blühen im Sommer gelegentlich. Blüten am besten abschneiden, denn sie schwächen die Pflanze. Bei Bedarf im zeitigen Frühjahr umtopfen.

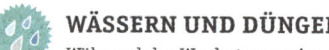

Grüne, schlaffe Klappen

ROTE KLAPPEN WERDEN GRÜN UND SCHLAFF

Das deutet darauf hin, dass falsch gewässert wird und die Luftfeuchtigkeit nicht stimmt. Wird nicht rasch Abhilfe geschaffen, kann die Pflanze eingehen.

❤ **RETTUNG** *Luftfeuchtigkeit durch Besprühen der Blätter erhöhen. Angemessen wässern (siehe links).*

SCHWARZE FALLEN

Die Fallen sterben oft im Herbst und Winter ab, wenn die Pflanze einzieht.

❤ **RETTUNG** *Ein normaler Vorgang. Treibt die Venusfliegenfalle im Frühjahr wieder aus, bildet sie neue Fallen.*

GELBE, BRAUNE ODER SCHWARZE FALLEN

Kommt vor, wenn die Pflanze vom Schatten plötzlich in die Sonne gestellt wird.

☀ **RETTUNG** *Im Verlauf einer Woche nach und nach immer heller stellen.*

Versengte Blätter →

FALLE SCHLIESST SICH NICHT

Liegt vermutlich daran, dass man sie zu oft mit dem Finger zum Schließen gebracht hat.

☀ **RETTUNG** *Pflanze nicht »reizen«, denn jede Falle schließt sich nur vier- bis fünfmal.*

ALARM!
(siehe S. 24–27)

Anfällig für **Blattläuse** und **Rote Spinnmilben**

Dionaea muscipula
Höhe: bis 45 cm
Breite: bis 15 cm

(siehe S. 24–27)

ÄHNLICH BEHANDELN

SCHLAUCHPFLANZE
Sarracenia
Sie lockt ebenfalls Insekten an, die in die Trichter fallen und darin ertrinken.

KANNENPFLANZE
Nepenthes
Die Insekten rutschen in die farbenfrohen »Kannen« an der Pflanze und werden dort verdaut.

DIE FÜNF BESTEN FÜR DIE
SONNE

Pralle Sonne kann viele Zimmerpflanzen versengen, manche allerdings brauchen die volle Dosis. Dazu gehören Wüstenkakteen und Sukkulenten. Aber auch sie muss man allmählich an die Sonne gewöhnen und im Sommer vor der größten Mittagshitze schützen. Besonders gut sehen solche Sonnenanbeter in Gruppen aus.

Echeverie
Echeveria

Die rosettenbildende Sukkulente verträgt auch etwas direkte Sonne. Sie trägt hübsche glockenförmige Blüten in Gelb, Orange oder Rosa.

Siehe Echeverie auf S. 72–73

Feigenkaktus
Opuntia

Kakteen gibt es in den unterschiedlichsten Formen und Größen. Diese Gattung kommt in den trockenen Regionen Nord-, Mittel- und Südamerikas vor. Kein Wunder, dass sie viel Sonne mag!

Siehe Feigenkaktus auf S. 98–99

Geldbaum
Crassula ovata

Geldbäume brauchen reichlich Licht und vertragen auch direkte Sonne. Sie werden meist klein gekauft und eignen sich daher bestens für ein sonniges Fenster. Mitunter blühen die langlebigen Schönheiten sogar im Winter.

Siehe Geldbaum auf S. 58–59

Echte Aloe
Aloe vera

Eine stachelbewehrte Sukkulente, die einen sehr hellen Platz einfordert und auch gegen etwas volle Sonne nichts einzuwenden hat. Reife Exemplare bilden am Ansatz Kindel.

Siehe Echte Aloe auf S. 38–39

Venusfliegenfalle
Dionaea muscipula

Wenn ein Insekt auf den klappenartigen Blättern landet, schnappt die Falle zu. Mit viel Licht und etwas direkter Sonne ist die fleischfressende Pflanze bestens bedient.

Siehe Venusfliegenfalle auf S. 64–65

DRACHENBAUM

Dracaena fragrans

Die Zimmergehölze mit ihren palmartigen Blättern sind anspruchslos und verzeihen sogar unregelmäßiges Wässern.

OPTIMALE PFLEGE

STANDORT
Drachenbäume fühlen sich vor einem Ost- oder Westfenster wohl. Die Temperatur sollte zwischen 13 und 21 °C liegen.

LICHT
Er verträgt keine pralle Sonne.

WÄSSERN UND DÜNGEN
Vom Frühjahr bis zum Herbst wässern, sobald die Substratoberfläche ausgetrocknet ist. Im Winter Ballen leicht feucht halten. In der warmen Jahreszeit monatlich, im Winter gar nicht düngen. Verzeiht bis zu einem gewissen Grad unregelmäßiges Wässern.

SONSTIGE PFLEGE
Blätter gelegentlich abwischen und totes Laub abzupfen. Braucht Luftfeuchtigkeit, daher auf eine Wasserschale mit Kieseln stellen und ab und an besprühen.

ALARM!
(siehe S. 24–27) | Halten Sie Ausschau nach **Wollläusen** und **Schildläusen** auf dem Laub.

WELKE BLÄTTER

Möglicherweise wird die Pflanze zu viel oder zu wenig gegossen. Auch Wurzelfäule kann Laub welken lassen.

RETTUNG *Angemessen wässern (siehe links). Das Pflanzgefäß braucht einen guten Wasserabzug. Prüfen Sie, ob die Wurzeln faulen, und entfernen Sie ggf. befallene Bereiche (siehe S. 28–29).*

BRAUNE BLATTSPITZEN

Sie bilden sich in trockener Luft, können aber auch auf Wassermangel zurückzuführen sein.

RETTUNG *Erhöhen Sie die Luftfeuchtigkeit und wässern Sie jahreszeitengerecht (siehe links).*

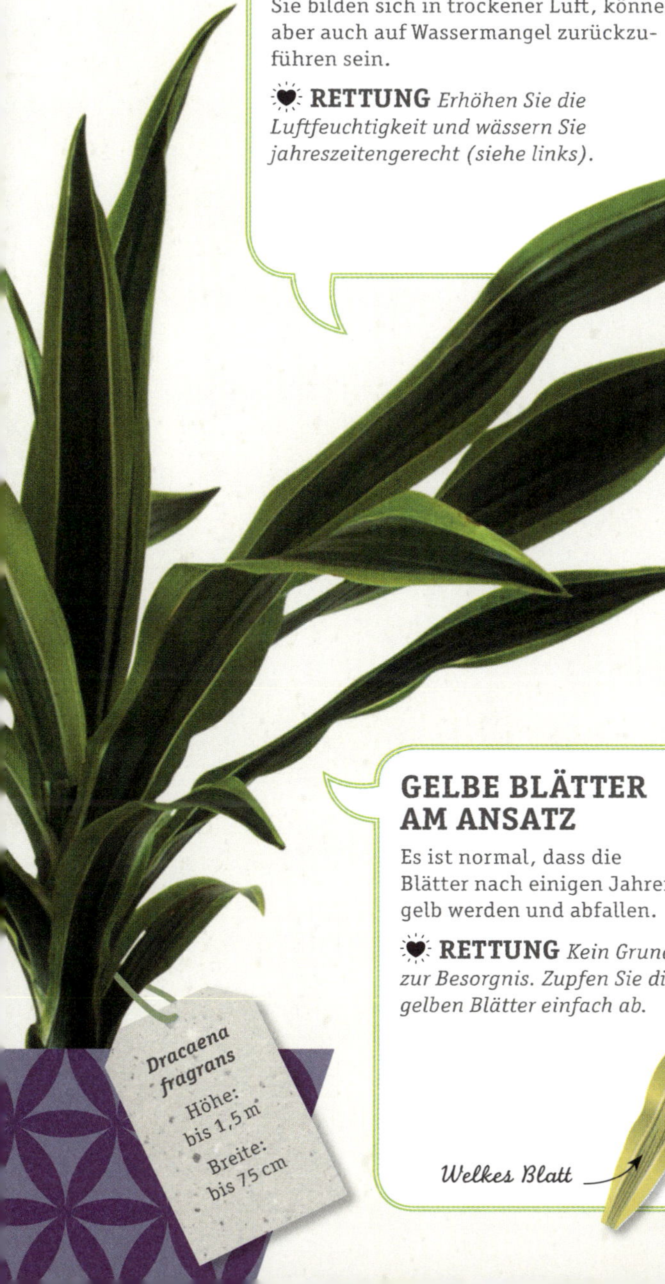
Dracaena fragrans
Höhe: bis 1,5 m
Breite: bis 75 cm

GELBE BLÄTTER AM ANSATZ

Es ist normal, dass die Blätter nach einigen Jahren gelb werden und abfallen.

RETTUNG *Kein Grund zur Besorgnis. Zupfen Sie die gelben Blätter einfach ab.*

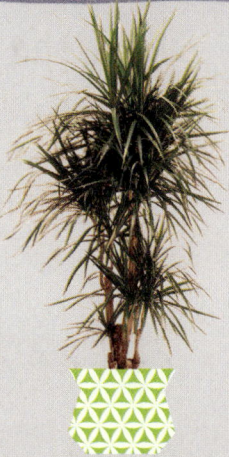

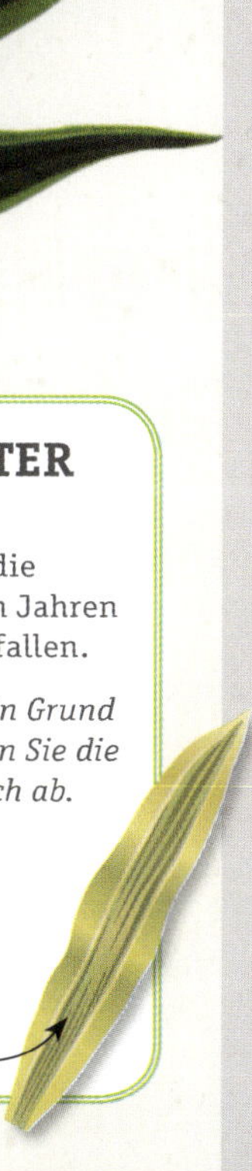
Welkes Blatt

ÄHNLICH BEHANDELN

SCHMALBLÄTTRIGER GERANDETER DRACHENBAUM
Dracaena marginata
Wer wenig Platz hat, entscheidet sich für diese Art, da sie eine schmalere Form hat.

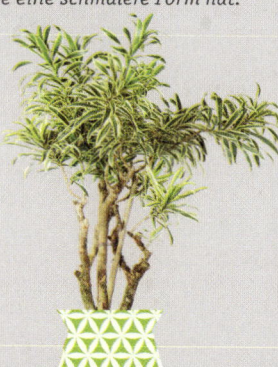

GERANDETER DRACHENBAUM
Dracaena reflexa
Ein weiterer Drachenbaum mit spiralig um den Stamm angeordneten Blättern

GLÜCKSBAMBUS

Dracaena sanderiana

Diese beliebte Feng-Shui-Pflanze wird oft mit gedrehten Trieben verkauft. Man kann den Glücksbambus in Erde oder Wasser kultivieren.

OPTIMALE PFLEGE

STANDORT

16–24 °C ist die Komfortzone für den Glücksbambus – kälter als 10 °C darf es nicht werden. Meiden Sie zugige Standorte mit starken Temperaturschwankungen.

LICHT

Ein heller Platz ohne direkte Sonne ist ideal.

WÄSSERN UND DÜNGEN

Reagiert empfindlich auf gechlortes, hartes Leitungswasser, sodass man am besten Regenwasser zum Gießen nimmt. Bei Kultur in Erde wässern, sobald sich das Substrat trocken anfühlt. Im Winter weniger wässern. Einmal im Frühjahr und einmal im Sommer düngen. In Wasser wachsende Exemplare werden alle paar Monate leicht gedüngt.

SONSTIGE PFLEGE

Glücksbambus in Erde alle zwei Jahre umtopfen. Wächst er in Wassergläsern, braucht er mindestens 5 cm hohes Wasser – die Wurzeln müssen im Wasser stehen. Einmal die Woche frisches, lauwarmes Wasser nachfüllen.

BRAUNE BLATTSPITZEN

Dies kann an Chemikalien im Wasser oder an zu trockener Luft liegen.

RETTUNG *Destilliertes, filtriertes oder Regenwasser verwenden. Könnte zu geringe Luftfeuchtigkeit das Problem sein, Blätter alle paar Tage mit einer Sprühflasche anfeuchten.*

ALGEN IM WASSER

Betrifft nur Pflanzen, die im Wasser wachsen. Ursache: Chemikalien im Leitungswasser oder zu viel Licht

RETTUNG *Gefäß und Kiesel reinigen. Evtl. auf ein undurchsichtiges Gefäß umsteigen und destilliertes, gefiltertes oder Regenwasser verwenden. Nicht in die pralle Sonne stellen.*

ALARM!
(siehe S. 24–27)

Anfällg für **Woll-läuse** auf dem Laub

GELBE BLÄTTER

Pflanze war zu großen Tempera-turschwankungen oder zu star-ker Sonne ausgesetzt, wurde zu viel gedüngt oder zu wenig gegossen.

☀ **RETTUNG** *Aus der prallen Sonne nehmen und für gleichmäßige Temperatur sorgen. Angemessen wäs-sern und ggf. weniger düngen.*

GELBE TRIEBE

Ursache ist Wassermangel, schlecht gewordenes Wasser, zu starkes Düngen, Temperatur-schwankungen oder zu wenig bzw. zu viel Licht. Der Trieb erholt sich nicht mehr.

☀ **RETTUNG** *Gelben Trieb herausnehmen. Prüfen, ob ange-messen gewässert und gedüngt wurde. Destilliertes, filtriertes oder Regenwasser verwenden.*

Gelber Trieb

Dracaena sanderiana

Höhe: bis zur 90 cm

Breite: bis zu 10 cm

ECHEVERIE

Echeveria

Diese Sukkulente ist in vielerlei Formen erhältlich. Alle aber tragen sie winzige Blüten an hohen Stängeln.

OPTIMALE PFLEGE

✅ STANDORT
Für eine Temperatur zwischen 10 und 24 °C sorgen. Sie verträgt auch weniger, solange das Substrat nicht nass ist.

☀ LICHT
Braucht viel Licht und kommt sogar mit voller Sonne zurecht, sofern man die Pflanze nach und nach daran gewöhnt.

💧 WÄSSERN UND DÜNGEN
Vom Frühjahr bis zum Herbst wässern, sobald die obersten 2–3 cm des Substrats austrocknen. Im Winter weniger gießen. Im Frühjahr und Sommer monatlich gießen.

🪴 SONSTIGE PFLEGE
Bedecken Sie die Erde mit einer Schicht Kies. Das hält den Ansatz der Pflanze trocken und unterstreicht sie dekorativ. Der Topf sollte nicht zu groß sein, denn Echeverien mögen es leicht beengt. Mischen Sie etwas Kies in das Substrat, um die Dränage zu verbessern. Jungpflanzen brauchen mehr Pflege als große, gut eingewachsene Exemplare. Den Pflanzen tut es gut, wenn man ihnen einen Sommerurlaub draußen gönnt.

TROCKENE BLÄTTER AM ANSATZ
Es handelt sich lediglich um absterbende ältere Blätter: ein normaler Vorgang und kein Grund zur Sorge.

☀ **RETTUNG** *Abgestorbene Blätter behutsam abzupfen.*

HELLE ODER BRAUNE BLATTFLECKEN
Ursache: Sonnenbrand oder Stellen, die nass geworden sind und dadurch faulen.

☀ **RETTUNG** *Pflanze aus der Sonne nehmen. Beim Gießen das Laub nicht mehr benetzen, daher von unten wässern (siehe S. 18–19).*

ALARM!
(siehe S. 24–27)

Auf dem Laub können **Wollläuse** sitzen. Steht die Pflanze im Sommer draußen, können sich **Dickmaulrüssler** an den Wurzeln festsetzen.

GELBE, TRANSPARENTE ODER MATSCHIGE BLÄTTER

Vermutlich auf zu starkes Wässern zurückzuführen. Kann die ganze Pflanze zum Faulen bringen.

☀ **RETTUNG** *Weniger wässern und dafür sorgen, dass Substrat und Topf gut dräniert sind.*

RUNZLIGES, SCHRUMPFENDES LAUB

Pflanze braucht Wasser.

☀ **RETTUNG** *Ein paar Tage lang etwas mehr wässern, dann sollten die Blätter wieder anschwellen.*

ÄHNLICH BEHANDELN

ROSETTENDICK-BLATT
Aeonium
Die rosettenbildenden Sukkulenten sind in allerlei Farbvarianten erhältlich.

TIGERRACHEN
Faucaria
Keine Angst vor den stachelig wirkenden »Zähnen« des Tigerrachens: Sie sind nicht scharf.

Echeveria secunda var. 'Glauca'
Höhe und Breite: bis 10 cm

WEIHNACHTSSTERN

Euphorbia pulcherrima

Mit ihren roten Hochblättern kleiden sich die Pflanzen in ein regelrechtes Festtagsgewand. Kälte tut ihnen nicht gut, weshalb man sie beim Transport gut einpackt.

OPTIMALE PFLEGE

✓ STANDORT

Warm und hell mit einer Temperatur zwischen 15 und 23 °C. Zugluft vermeiden. Nicht neben Heizkörper stellen. Wichtig ist eine gleichbleibende Temperatur.

☀ LICHT

Möglichst viel Helligkeit, aber keine direkte Sonne

💧 WÄSSERN UND DÜNGEN

Erde feucht halten, aber Staunässe vermeiden. Erst wieder gießen, wenn sich die obersten 1–2 cm trocken anfühlen. Überschüssiges Wasser ablaufen lassen.

🪴 SONSTIGE PFLEGE

Bei hoher Luftfeuchtigkeit halten die Hochblätter länger, daher Pflanze in eine mit Kieseln und Wasser gefüllte Schale stellen und gelegentlich besprühen, vor allem in Räumen mit Zentralheizung.

ALARM!
(siehe S. 24–27)

Auf dem Laub können sich **Wollläuse** und **Rote Spinnmilben** festsetzen.

Bleiches Hochblatt

HELLE BLÄTTER UND HOCHBLÄTTER

Kommt bei älteren Pflanzen vor, kann aber auch auf zu wenig Licht oder zu viel Wärme zurückzuführen sein

♥ **RETTUNG** *Pflanze an einen helleren Platz umsiedeln. Ist es im Zimmer wärmer als 23 °C, kühler stellen. Für hohe Luftfeuchtigkeit sorgen.*

BRAUNE BLATTSPITZEN ODER -RÄNDER

Die Luft ist zu trocken.

☀ **RETTUNG** *Pflanze häufig besprühen, vor allem wenn sie in einem Zimmer mit Zentralheizung steht.*

GELBE, HÄNGENDE BLÄTTER

Dem Weihnachtsstern ist es zu warm oder zu trocken. Vielleicht bekommt er nicht genug Licht oder Wasser.

❤ **RETTUNG** *Abstand zu Heizkörpern halten und an einen hellen Platz stellen. Wässern, falls das Substrat trocken ist. Luftfeuchtigkeit mit einer kieselgefüllten Wasserschale und durch Besprühen erhöhen.*

HOCHBLÄTTER VERSCHWINDEN

Das passiert im Frühjahr, man kann aber versuchen, die Pflanze im nächsten Winter wieder zur Bildung der roten Blätter anzuregen.

❤ **RETTUNG**
Pflanze in der Frühjahrsmitte auf etwa 10 cm Höhe zurückschneiden, umtopfen und wässern. Im Sommer an einen hellen, etwa 15 °C kühlen Platz ohne direkte Sonne bringen. Im Frühherbst 10 Wochen lang jede Nacht 14 Stunden in einen Schrank stellen oder mit schwarzer Folie abdecken. Dann sollte sie zu Weihnachten wieder blühen.

*Euphorbia
pulcherrima*

Höhe und
Breite:
bis 60 cm

PFLANZE WELKT ODER VERLIERT BLÄTTER

Wenn die Blätter welk werden, fallen sie oft ab. Schuld kann Kälte, Zugluft, falsches Wässern oder eine plötzliche Veränderung der Bedingungen sein.

❤ **RETTUNG** *Vertrocknete Pflanzen eine Stunde in lauwarmes Wasser stellen. Zu stark gewässerte Exemplare auf Wurzelfäule prüfen und betroffene Stellen entfernen (siehe S. 28–29). Substrat vor dem nächsten Gießen austrocknen lassen. An einen warmen Platz ohne Zugluft stellen. War der Weihnachtsstern zu niedrigen Temperaturen ausgesetzt, geht er evtl. ein.*

GEIGEN-FEIGE

Ficus lyrata

Der üppige, exotische
Baum bringt Dschungelflair
in Ihr Wohnzimmer.

||||||||||||||||||||||||||||||||||

OPTIMALE PFLEGE

✅ STANDORT
Geigen-Feigen brauchen einen
hellen Platz in einem warmen Raum mit
18–24 °C. Abstand zu Heizkörpern halten.
Keine Zugluft, im Winter keine Temperaturen
unter 13 °C. Pflanze immer am selben Standort lassen, da sie Umzüge nicht verträgt.

LICHT
Möglichst hell stellen, doch direkte
Sommersonne versengt die Blätter.

WÄSSERN UND DÜNGEN
Vom Frühjahr bis zum Herbst erst
wässern, wenn die oberen 2–3 cm Substrat
trocken sind. Im Winter weniger gießen. Im
Frühjahr und Sommer monatlich düngen.

SONSTIGE PFLEGE
Blätter gelegentlich entstauben.
Hin und wieder besprühen – vor allem im
Sommer und in Räumen mit Zentralheizung. Stamm evtl. mit einem Stab stützen.
Jüngere Pflanzen jedes Frühjahr in einen
geringfügig größeren Topf umpflanzen, bei
älteren nur die oberen 5 cm des Substrats
austauschen.

Ganze Pflanze

ALARM!
(siehe S. 24–27)

**Wollläuse,
Schildläuse**
und **Rote
Spinnmilben**
können dem
Laub
zusetzen.

ABFALLENDE BLÄTTER

Wenn die Feige plötzlich ihre Blätter
verliert, liegt es möglicherweise daran,
dass sie umgestellt wurde. Als Ursache
kommen aber auch trockene Luft, falsches Wässern und Düngen, Kälte und
Hitze oder Zugluft infrage.

💟 **RETTUNG** *Lassen Sie die Pflanze
immer am selben Platz stehen. War das
der Fall, steht sie evtl. von Haus aus
ungünstig oder wird falsch gepflegt.*

BRAUNE BLATTSPITZEN

Dies ist vermutlich auf zu trockene Luft oder ungleichmäßiges Wässern zurückzuführen.

❤ **RETTUNG** *Laub regelmäßig besprühen, vor allem in Räumen mit Zentralheizung. In regelmäßigen Abständen wässern, aber nassen Wurzelballen vermeiden.*

BIRKEN-FEIGE
Ficus benjamina
Auch sie mag weder Zugluft noch Zentralheizung und verträgt keine Standortwechsel.

Ficus lyrata
Höhe: bis 3 m
Breite: bis 1 m

Blatt-flecken

DUNKLE FLECKEN AUF BLÄTTERN

Dunkle Flecken deuten auf Sonnenbrand hin, kleine dunkle Sprenkel auf die Blattflecken-krankheit (siehe S. 28–29).

❤ **RETTUNG** *Aus der Sonne nehmen und geschädigte Blätter entfernen.*

GUMMIBAUM
Ficus elastica
Eine anspruchslose Alterna-tive zur Geigen-Feige. Die Blätter häufig abwischen. Nicht zu viel wässern.

SILBERNETZBLATT

Fittonia

Diese wegen seiner spektakulären Zeichnung beliebte Zimmerpflanze stammt aus den Regenwäldern Perus. Fittonia verschaffeltii hat rote Adern.

OPTIMALE PFLEGE

STANDORT

Das Silbernetzblatt braucht viel Wärme, ideal ist daher ein Raum mit 15–23 °C, etwa das Badezimmer oder die Küche, falls dort gleichbleibende Temperaturen herrschen. Es lässt sich auch gut in Terrarien ziehen.

LICHT

Keine direkte Sonne – die meisten Fensterbänke sind zu hell. In den Halbschatten stellen.

WÄSSERN UND DÜNGEN

Vom Frühjahr bis zum Herbst reichlich mit lauwarmem Wasser gießen, sobald sich das Substrat trocken anfühlt. Wasser jedoch gut ablaufen lassen. Im Winter weniger gießen. Nasses, kaltes Substrat vermeiden.

SONSTIGE PFLEGE

Pflanze auf eine kieselgefüllte Wasserschale stellen und täglich besprühen, um möglichst viel Luftfeuchtigkeit zu erzeugen.

Fittonia
verschaffeltii
Höhe:
bis 15 cm
Breite:
unbegrenzt

ALARM!
(siehe S. 24–27)

Blattlaus-Gefahr

Blattläuse auf der Unterseite eines Jungblatts

PFLANZE GEHT EIN

Das Silbernetzblatt kann in sich zusammenfallen, wenn das Substrat zu trocken wird.

❤️ **RETTUNG** *Gut wässern und Blätter besprühen. Immer angemessen wässern (siehe links). Ist der Wurzelballen längere Zeit zu trocken, erholt sich die Pflanze evtl. nicht wieder.*

BRAUNE BLATTSPITZEN

Auf zu trockene Luft zurückzuführen

❤️ **RETTUNG** *Laub regelmäßig befeuchten. Pflanze auf eine mit Wasser und Kieseln gefüllte Schale stellen.*

SAMTPFLANZE
Gynura aurantiaca
Es fällt schwer, dieser Pflanze nicht über die samtigen Blätter zu streichen. Sie hat ähnliche Ansprüche wie das Silbernetzblatt, mag es aber heller.

GELBE BLÄTTER

Ursache ist vermutlich zu starkes Wässern.

❤️ **RETTUNG** *Das Silbernetzblatt mag es feucht, verträgt aber keine Staunässe. Zwicken Sie gelbes Laub ab und lassen Sie das Substrat zwischen dem Wässern austrocknen.*

Gelbe Blätter

PUNKTBLUME
Hypoestes phyllostachya
Sie verträgt mehr Licht als das Silbernetzblatt und eignet sich ebenfalls für Terrarien.

EFEU

Hedera helix

Im Gegensatz zu vielen anderen Zimmerpflanzen mag es Efeu nicht warm. Die Hänge- und Kletterpflanze ist daher in einem kühlen Raum am besten aufgehoben.

OPTIMALE PFLEGE

✓ STANDORT

Ein kühler oder sogar kalter Raum mit 2–16 °C. Kann an einer Kletterhilfe, in einer Blumenampel oder in einem Topf auf einem Regal kultiviert werden. Gut für unbeheizte Veranden oder zugige Durchgänge.

☀ LICHT

Hell, aber ohne direkte Sonne. Nicht panaschierte Formen kommen mit weniger Licht aus.

💧 WÄSSERN UND DÜNGEN

Erde von Frühjahr bis Herbst feucht halten, aber Nässe vermeiden. Erst wässern, wenn die oberen 2–3 cm des Substrats trocken sind. Im Winter weniger gießen. Im Frühjahr und Sommer monatlich düngen.

 SONSTIGE PFLEGE

Blätter an warmen Tagen besprühen. Im Frühjahr umtopfen, wenn die Wurzeln den Topf komplett ausfüllen.

LANG-TRIEBIGER WUCHS

Zu warmer Raum oder zu wenig Licht

♥ RETTUNG

Pflanze an einen kühlen, hellen Platz umsiedeln. Unschön lange Triebe abschneiden, um einen buschigeren Wuchs zu erreichen.

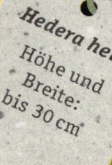

Hedera helix
Höhe und Breite: bis 30 cm

BRAUNE BLATTSPITZEN ODER -RÄNDER

Dies kommt bei zu warmer, trockener Luft vor.

☀ **RETTUNG** *Pflanze besprühen oder kühler stellen, vor allem wenn sie in einem beheizten Raum steht oder es draußen sehr warm ist.*

Vertrock- nete, braune Blattränder

PANASCHIERTE BLÄTTER WERDEN REIN GRÜN

Die Pflanze bekommt zu wenig Licht.

☀ **RETTUNG** *Heller stellen.*

Blatt, das die Pana- schierung verloren hat

Anzeichen für Rote Spinnmilben

ALARM!
(siehe S. 24–27) | Anfällig für **Rote Spinnmilben**

(siehe S. 24–27)

ÄHNLICH BEHANDELN

JAPANISCHE AUKUBE
Aucuba japonica
Der immergrüne Strauch ist an einem kühlen Platz, etwa in einem Durchgang oder auf einer Veranda, am besten aufgehoben.

ZIMMERARALIE
Fatsia japonica
Dieser immergrüne Strauch braucht mehr Licht als Efeu, stellt ansonsten aber ähnliche Ansprüche.

AMARYLLIS

Hippeastrum

Diese Zwiebelpflanze wird oft mit dekorativem Topf als Set verkauft. Bei richtiger Pflege begeistert sie Jahr für Jahr aufs Neue mit Prachtblüten.

OPTIMALE PFLEGE

STANDORT

Pflanze an einen hellen Platz mit etwa 20 °C Raumtemperatur stellen. Zugluft vermeiden. Während der Blüte ggf. an einen kühleren Platz stellen, um die Blühdauer zu verlängern.

LICHT

Amaryllis brauchen viel Licht, vertragen aber keine direkte Sonne.

WÄSSERN UND DÜNGEN

Substrat feucht halten, aber Staunässe vermeiden. Monatlich düngen.

SONSTIGE PFLEGE

Amaryllis werden als Zwiebel oder fertig eingetopft angeboten. Der Topf sollte nicht viel größer als die Zwiebel sein. Verwenden Sie Universalerde und mischen Sie Perlit zur Verbesserung der Dränage dazu. Zwiebel im Herbst oder Winter nicht komplett eingraben – Spitze und Hals sollten noch herausragen. Sie blüht 6–8 Wochen nach dem Einsetzen. Drehen Sie den Topf regelmäßig, damit sie nicht einseitig zum Licht wächst.

ALARM!
(siehe S. 24–27)

Auf oder unter den Blättern können **Wollläuse** sitzen.

KEINE BLÜTEN

Amaryllis verblühen im Frühjahr, doch kann man sie im nächsten Winter bzw. Frühjahr wieder zum Blühen bringen.

RETTUNG *Nach der Blüte wird der Blütenstängel bis etwa 5 cm oberhalb der Zwiebel gekappt. Anschließend düngt und wässert man normal weiter. Im zeitigen Herbst gewährt man der Pflanze eine Ruhephase in einem 10–13 °C kühlen Raum. Das Wässern und Düngen muss für diesen Zeitraum, in dem das Laub einzieht, unterbrochen werden. Nach 8–10 Wochen ersetzt man die obersten 5 cm Substrat durch frische Erde, stellt die Pflanze wieder in ein warmes Zimmer und düngt bzw. wässert wie zuvor. 6–8 Wochen später sollte sie erneut blühen.*

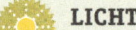

Hippeastrum

Höhe:
bis 60 cm

Breite:
bis 30 cm

DER BLÜTENSTAND ENT-WICKELT SICH LANGSAM

Das Zimmer ist womöglich zu kühl.

❤ **RETTUNG** *Stellen Sie die Amaryllis an einen wärmeren Platz mit etwa 20 °C. Das Substrat sollte feucht, aber nicht nass sein.*

KEINE BLÜTE IM NÄCHSTEN WINTER

Die Pflanze hatte evtl. keine aus-reichend lange Ruhephase.

❤ **RETTUNG** *Gewähren Sie ihr eine Ruhephase von 8–10 Wochen. Nach dem Austrieb braucht sie ausreichend Licht und angemessene Pflege (siehe links).*

KENTIAPALME

Howea forsteriana

Die pflegeleichte Palme wird schon seit dem 19. Jahrhundert als Zimmerschönheit geschätzt. Sie bringt einen Hauch von Eleganz in jedes Ambiente.

OPTIMALE PFLEGE

STANDORT
Im Sommer bei 18–24 °C kultivieren, im Winter nicht kälter als 12 °C stellen. Braucht hohe Luftfeuchtigkeit und sollte nicht neben Heizkörpern stehen.

LICHT
Viel Helligkeit, aber keine direkte Sonne, da die Blätter versengen können

WÄSSERN
Im Frühjahr und Sommer so wässern, dass das Substrat leicht feucht ist, dazwischen aber leicht austrocknen lassen. Im Winter weniger gießen.

SONSTIGE PFLEGE
Blätter regelmäßig säubern, zum Beispiel mit einer lauwarmen Dusche oder Sommerregen. Nur umtopfen, wenn die Wurzeln oben aus dem Topf oder durch die Abzugslöcher wachsen. Durch Besprühen der Blätter die Luftfeuchtigkeit erhöhen – besonders in einem warmen Raum. Im Frühjahr und Sommer monatlich düngen.

Ganze Pflanze

BRAUNE BLATTSPITZEN

Ursache: zu trockene oder zu kalte Luft, zu wenig Wasser

RETTUNG *Falls die Palme neben einem Heizkörper steht, umsetzen. Evtl. wärmer stellen. Wässern, falls das Substrat trocken ist. Braune Spitzen mit der Schere abschneiden, ohne in die grünen Blattbereiche zu schneiden.*

ALARM!

(siehe S. 24–27)

Laub ist anfällig für **Schildläuse, Wollläuse** und **Rote Spinnmilben.**

MATTE BLATTFARBE

Mangelnder Glanz ist evtl. auf zu geringe Luftfeuchtigkeit zurückzuführen.

❤ **RETTUNG** *Regelmäßig besprühen, nicht neben Heizkörper stellen.*

ZIERLICHE BERGPALME
Chamaedorea elegans
Eine unkomplizierte Palme, die mit einer Höhe von bis zu 1 m recht klein bleibt.

GELBE BLÄTTER

Die unteren Blätter können mit der Zeit gelb werden. Sind es viele, wurde womöglich zu wenig gewässert.

☀ **RETTUNG** *Optimieren Sie Ihre Gießstrategie (siehe links).*

BRAUNE BLÄTTER

Es ist normal, dass untere, ältere Blätter absterben, doch kann auch zu starkes Wässern die Ursache sein.

❤ **RETTUNG** *Unschöne braune Blätter bis zum Ansatz abschneiden. Angemessen wässern (siehe links).*

Howea forsteriana
Höhe: bis 3 m
Breite: bis 80 cm

GOLDFRUCHTPALME
Dypsis lutescens
Sie stellt die gleichen Ansprüche wie die Kentiapalme, mag also viel Licht und Luftfeuchtigkeit.

DIE FÜNF BESTEN FÜR DAS
BADEZIMMER

Pflanzen bringen eine üppige, dschungelartige Atmosphäre ins Badezimmer. Viele mögen die hohe Luftfeuchtigkeit, die durch Duschen und Wannenbäder dort entsteht. Hier fünf der besten »Badnixen«.

Silbernetzblatt

Fittonia

Diese Schönheit aus dem Regenwald begeistert durch ihr geädertes Laub. Sie mag es feucht und ist daher wie geschaffen für Bäder, braucht aber halbschattige Plätze.

Siehe Silbernetzblatt auf S. 78–79

Frauenhaarfarn

Adiantum raddianum

In Badezimmern, in denen viel gebadet und geduscht wird, fühlt sich dieser Farn wohl, denn er braucht hohe Luftfeuchtigkeit. Er trägt ansprechend gefiedertes Laub.

Siehe Frauenhaarfarn auf S. 32–33

Samtpflanze

Gynura aurantiaca

Die hübsche Blattschmuckpflanze trägt weiches, samtiges Laub. Wenn sie älter wird, beginnt sie hängend zu wachsen. Sie mag es feucht und hell, weshalb man sie in die Nähe des Badezimmerfensters stellt.

Siehe Samtpflanze auf S. 79

Schwertfarn

Nephrolepis exaltata 'Bostoniensis'

Hohe Luftfeuchtigkeit tut dem Schwertfarn gut, er ist daher eine ausgezeichnete Wahl für Badezimmer. Besonders gut zur Geltung kommen seine ausladenden Wedel in Ampeln.

Siehe Schwertfarn auf S. 96–97

Porzellanblume

Hoya carnosa

Diese Kletterpflanze trägt einnehmende, wächserne Blätter. Ihr abendlicher Duft macht sie zum perfekten Begleiter eines entspannenden nächtlichen Bads. Sie braucht jedoch viel Licht und Luftfeuchtigkeit.

Siehe Porzellanblume auf S. 88–89

PORZELLANBLUME

Hoya carnosa

Vor allem am Abend duften die hübschen Blüten dieser Kletterpflanze. Die Sorte 'Variegata' trägt Blätter mit cremegelbem Rand.

Ganze Pflanze

OPTIMALE PFLEGE

✓ STANDORT
An einem Klettergerüst oder Stab bei 18–24 °C Zimmertemperatur ziehen. Im Winter nicht kühler als 10 °C stellen. Kann recht groß werden, braucht daher viel Platz.

LICHT
An einen hellen Platz ohne direkte Sonne stellen, da die Blätter sonst versengen.

WÄSSERN UND DÜNGEN
Vom Frühjahr bis zum Herbst immer dann wässern, wenn sich das Substrat trocken anfühlt. Die Erde sollte feucht, aber nicht nass sein. Im Winter fast trocken halten. Vom Frühjahr bis zum späten Herbst monatlich düngen.

SONSTIGE PFLEGE
Braucht durchlässiges Substrat. Auf eine kiesel- und wassergefüllte Schale stellen. Blätter besprühen, besonders in trockenen Räumen. Nicht besprühen, umstellen oder umtopfen, wenn die Pflanze Knospen oder Blüten trägt. Im Frühjahr die obersten 5 cm Substrat durch frische Erde austauschen. Nur umtopfen, wenn der Wurzelballen verdichtet ist. Blütenstängel nicht abschneiden.

ABFALLENDE BLÜTENKNOSPEN
Erde ist zu trocken oder zu nass, Pflanze wurde umgestellt oder umgetopft, während sie Knospen trug.

❤ **RETTUNG** *Pflanze an ihrem Platz stehen lassen, wenn sie Knospen oder Blüten trägt. Artgerecht wässern (siehe links).*

KEINE BLÜTEN
Die Pflanze braucht keinen allzu hellen Standort und verträgt es relativ dunkel, blüht dann aber nicht. Vielleicht wurden die Blütenstängel abgeschnitten.

❤ **RETTUNG** *An einen helleren Platz stellen. Jeder Blütenstängel trägt viele Jahre lang Flor, daher nicht abschneiden, welke Blüten von selbst abfallen lassen.*

ALARM!
(siehe S. 24–27)

Wollläuse, Weiße Fliegen, Schildläuse und **Blattläuse** können die Pflanze plagen.

(siehe S. 24–27)

ÄHNLICH BEHANDELN

ZWERG-PORZELLANBLUME
Hoya bella
Sie bleibt kleiner als die Porzellanblume, bevorzugt aber höhere Temperaturen. Im Winter sollte sie nicht kühler als 16 °C stehen.

BLÜTEN TROPFEN

Das ist normal, denn die Blüten locken mit Nektar Bestäuber an.

☀♥ **RETTUNG**
Nicht nötig!

LAUBFALL ODER DUNKEL WERDENDE BLÄTTER

Dies kann auf zu starkes Wässern oder zu viel Kälte zurückzuführen sein.

☀♥ **RETTUNG**
Staunässe vermeiden und weniger gießen. Pflanze ggf. an einen wärmeren Platz stellen.

Dunkle Blattflecken

Hoya carnosa 'Variegata'
Höhe: bis 4 m
Breite: bis 70 cm

FLAMMENDES KÄTHCHEN

Kalanchoe blossfeldiana

Diese Sukkulenten sind ganzjährig erhältlich.

ALARM!
(siehe S. 24–27)

Laub ist anfällig für **Wollläuse** und **Rote Spinnmilben**.

OPTIMALE PFLEGE

STANDORT
Bei 18–24 °C, im Winter nicht unter 10 °C kultivieren.

LICHT
Braucht viel Licht und verträgt auch etwas volle Sonne – ideal ist im Frühjahr und Sommer ein Ost- oder Westfenster, im Winter ein Südfenster.

WÄSSERN UND DÜNGEN
Erst wässern, wenn die obersten 2–3 cm des Substrats ausgetrocknet sind. Im Winter spärlicher gießen. Staunässe durch guten Wasserabzug vermeiden. Wer die Pflanze nach dem Blühen nicht entsorgt, düngt im Frühjahr und Sommer monatlich.

SONSTIGE PFLEGE
Welke Blüten abzwicken. Nach der Blüte Blütenstängel abschneiden. Viele werfen die Pflanze nach dem Verblühen weg, doch kann man sie bei entsprechender Pflege in der nächsten Saison wieder zum Blühen bringen (siehe: *Keine Blüten mehr*).

KEINE BLÜTEN MEHR

Die Pflanze verblüht nach etwa 8 Wochen, kann aber wieder zum Blühen gebracht werden.

RETTUNG *Stellen Sie das Käthchen im Sommer nach draußen und im Herbst, wenn es kälter wird, wieder nach drinnen. Es benötigt einen kühlen, aber hellen Platz, an dem es nicht mehr gedüngt und weniger gewässert wird. Mindestens einen Monat lang braucht die Pflanze 14 Stunden Dunkelheit, um wieder zu blühen. Steht sie in einem Raum mit künstlichem Licht, muss man sie in einen Schrank stellen. Wenn sich nach 8 Wochen Blütenknospen bilden, düngt und wässert man wieder normal.*

BRAUNE BLATTFLECKEN
Vermutlich Sonnenbrand

RETTUNG *Pflanze aus der prallen Sonne nehmen.*

Braune Flecken

ROTE BLATTRÄNDER

Kein Grund zur Besorgnis: Die Blätter entwickeln einen roten Rand, wenn sie viel Sonne abbekommen.

☀ **RETTUNG** *Nicht nötig. Evtl. auf Anzeichen von Sonnenbrand achten.*

WELKE PFLANZE

Ursache: zu viel Kälte, zu viel oder zu wenig Wasser

♥ **RETTUNG** *Stellen Sie Ihr Käthchen an einen warmen Platz, aber nicht an ein Fenster, wo es nachts zu kalt werden kann. Auch verträgt die Pflanze keinen Zug. Angemessen wässern (siehe links).*

ÄHNLICH BEHANDELN

CALANDIVA
Kalanchoe
Calandiva®-Serie
Diese Form trägt Unmengen kleiner, rosenartiger, gefüllter Blüten, stellt ansonsten aber dieselben Ansprüche wie das Flammende Käthchen.

Kalanchoe blossfeldiana

Höhe: bis 30 cm
Breite: bis 20 cm

BRAUNE, SCHWARZE ODER MATSCHIGE TRIEBE

Ursache: Stängelfäule. Wird durch zu starkes Wässern verursacht

♥ **RETTUNG** *Geschädigte Stellen entfernen (siehe S. 28–29).*

Schwarze, faulende Triebe

MIMOSE

Mimosa pudica

Die Pflanze ist ein echter Partyknüller: Bei Berührung klappen die Fiederblättchen zusammen und gleichzeitig knickt das ganze Blatt nach unten.

OPTIMALE PFLEGE

 STANDORT
Bei 18–24 °C kultivieren. Mindesttemperatur im Winter: 15 °C

 LICHT
Braucht viel Licht und auch volle Sonne.

 WÄSSERN UND DÜNGEN
Substrat feucht (im Winter nur leicht feucht) halten, aber Nässe vermeiden. Im Frühjahr und Sommer monatlich düngen.

 SONSTIGE PFLEGE
Mimosen mögen es feucht, sollten daher auf eine kieselgefüllte Wasserschale gestellt werden. Im Sommer erscheinen hübsche rosa Blüten. Wer selber pflanzen möchte: Mimosen lassen sich leicht aus Samen ziehen.

ALARM!
(siehe S. 24–27) | Das Laub kann von **Roten Spinnmilben** befallen werden.

REAGIERT LANGSAM AUF BERÜHRUNG UND ENTFALTET SICH AUCH SCHWER

Sie wurde zu oft berührt und ist unempfindlich geworden. Nach dem Berühren kann es bis zu einer halben Stunde dauern, bis die Blätter sich wieder entfalten.

❤ **RETTUNG** *Lassen Sie die Pflanze eine Weile in Ruhe. Sie braucht evtl. mehrere Wochen, bis sie wieder empfindlich wird.*

Geöffnetes Blatt

Geschlossenes Blatt

Ganze Pflanze

PFLANZE WIRD GROSS UND LANGTRIEBIG

Das ist normal. Die Pflanze wird mit der Zeit unansehnlich. Viele werfen sie nach der Blüte im Herbst weg.

☀ **RETTUNG** *Auf die gewünschte Größe zurückschneiden, im Frühjahr neu ansäen oder frisch kaufen.*

BLÄTTER SCHLIES-SEN SICH OHNE BERÜHRUNG

Die Pflanze reagiert auch, wenn sie geschüttelt oder vom Wind bewegt wird. In der Nacht klappen die Blätter von Haus aus zusammen.

☀ **RETTUNG** *Nicht nötig!*

BLÄTTER WERDEN GELB UND FALLEN AB

Der Pflanze ist es vermutlich zu kalt.

☀ **RETTUNG** *An einen wärmeren Platz stellen.*

Mimosa pudica

Höhe: bis 60 cm

Breite: bis 30 cm

GROSSES FENSTER-BLATT

Monstera deliciosa

In den 1970er-Jahren war das Große Fensterblatt die Mode-pflanze schlechthin. Inzwischen feiert sie ein Comeback.

OPTIMALE PFLEGE

STANDORT
Pflanze verträgt Temperaturen von 10–24 °C, wächst aber nur, wenn es wärmer als 18 °C ist. Sie braucht viel Platz.

LICHT
An einen hellen bis halbschattigen Platz stellen, etwa 1–2 m vor einem Fenster. Es verträgt keine direkte Sonne.

WÄSSERN UND DÜNGEN
Erst wieder wässern, wenn die Sub-stratoberfläche trocken ist. Im Frühjahr und Sommer monatlich düngen.

SONSTIGE PFLEGE
Blätter gelegentlich abwischen, um Staub zu entfernen, und besprühen. Sobald die Pflanze 75 cm hoch ist, muss sie gestützt werden, etwa mit einem Moos- oder Bambus-stab. Die langen Luftwurzeln in das Substrat oder an die Stütze führen. Junge Exemplare im Frühjahr umtopfen, bei älteren nur die obersten 5 cm Topferde durch frisches Sub-strat ersetzen.

GELBES LAUB

Wahrscheinlich auf zu intensives Wässern und anschließende Wurzelfäule zurückzuführen, besonders wenn die Blätter auch noch welken. Falls korrekt gewässert wurde, braucht die Pflanze womöglich Nährstoffe.

RETTUNG *Evtl. weniger gießen. Im Frühjahr und Sommer monatlich düngen. Auf Wurzelfäule untersuchen und geschädigte Bereiche entfer-nen (siehe S. 28–29).*

BRAUNE BLATTSPITZEN UND -RÄNDER

Ursache: zu trockene Luft, zu wenig Wasser, zu niedrige Temperatu-ren oder zu kleiner Topf

RETTUNG *Steht die Pflanze in einem Raum mit mehr als 24 °C und trockener Luft, auf eine Wasserschale mit Kieseln stellen und Blätter häufig besprühen. Nicht in die Nähe von Heizkörpern oder zu kühl stellen. Bei Bedarf umtopfen.*

PFLANZE »WEINT«

Wenn das Substrat zu nass ist, tropft manchmal Wasser von den Blättern des Fensterblatts.

☀ **RETTUNG** *Weniger wässern. Das Substrat zwischen dem Gießen jedesmal leicht austrocknen lassen.*

ALARM!
(siehe S. 24–27)

Auf der Blattunterseite können sich **Wollläuse** festsetzen.

BLÄTTER OHNE EINSCHNITTE

Jungpflanzen und frische Triebe tragen Blätter ohne Einschnitte. Erscheinen sie an älteren Trieben, fühlt sich die Pflanze nicht wohl.

☀ **RETTUNG** *Bei Jungpflanzen gilt: abwarten! Ansonsten sollte das Exemplar nicht kühler als 18 °C stehen und angemessen gewässert, gedüngt und gepflegt werden (siehe links).*

Monstera deliciosa

Höhe und Breite: bis 1,8 m

ÄHNLICH BEHANDELN

BAUM-PHILODENDRON
Philodendron bipinnatifidum
Eine eindrucksvolle Pflanze, die allerdings viel Platz braucht

LÖCHRIGES FENSTERBLATT
Monstera obliqua
Eine Art mit ungewöhnlichen ovalen Löchern im Laub

SCHWERTFARN

Nephrolepis exaltata 'Bostoniensis'

Dieser elegante Farn macht sich besonders gut auf einem Podest oder in einer Blumenampel. Seine breiten, ausladenden Wedel neigen sich bis auf die Höhe der Vase hinunter.

OPTIMALE PFLEGE

STANDORT
Der Farn braucht Boden- und Luftfeuchtigkeit, ist also ideal für Badezimmer. Die Zimmertemperatur sollte zwischen 10 und 21 °C liegen.

LICHT
Hell, aber keine direkte Sonne, da sie die Blätter versengt

WÄSSERN UND DÜNGEN
Das Substrat sollte feucht bleiben, aber nicht nass sein. Vom Frühjahr bis zum Herbst monatlich düngen.

SONSTIGE PFLEGE
Auf einen kies- und wassergefüllten Untersetzer stellen. Im Sommer – oder im Winter in beheizten Räumen – alle paar Tage besprühen. Welke Wedel abschneiden. Umtopfen, wenn die Wurzeln den Topf füllen.

ALARM!
(siehe S. 24–27)

Schildläuse, Wollläuse und Rote Spinnmilben auf dem Laub können zum Problem werden.

HELLE WEDEL

Pflanze muss gedüngt werden oder steht zu hell.

❤ **RETTUNG** *Vom Frühjahr bis zum Herbst einmal im Monat düngen. Ggf. an einen schattigeren Platz stellen.*

BRAUNE WEDEL-SPITZEN, WELKE WEDEL

Ältere Wedel sterben irgendwann ab. Sind es zu viele, ist evtl. zu trockene Luft oder zu wenig Wasser die Ursache.

❤ **RETTUNG** *Luftfeuchtigkeit erhöhen, indem die Pflanze auf eine mit Kieseln und Wasser gefüllte Schale gestellt wird. Außerdem Blätter alle paar Tage besprühen. Das Substrat sollte feucht, aber nicht nass sein.*

ÄHNLICH BEHANDELN

NESTFARN
Asplenium nidus

Dieser Farn kommt mit weniger Licht aus als der Schwertfarn. Blätter gelegentlich abwischen, damit sie glänzend bleiben.

Nephrolepis exaltata 'Bostoniensis'

Höhe und Breite: bis 75 cm

GELBE WEDEL

Ursache: zu trockene oder zu warme Luft

❤ **RETTUNG** *Blätter regelmäßig besprühen. Evtl. muss die Zimmertemperatur gesenkt werden.*

RIPPENFARN
Blechnum gibbum

Ein großer Farn, der trockene Luft aushält, aber weiches Wasser braucht

FEIGENKAKTUS

Opuntia

Kakteen gibt es in den unterschiedlichsten Formen. Die Vertreter der Gattung Opuntia werden gern als Zierpflanzen eingesetzt.

OPTIMALE PFLEGE

 STANDORT
Kaktus warm stellen (13–29 °C). Im Winter an einen kühleren Platz bringen, um ihn zur Blüte anzuregen.

 **LICHT**
Möglichst hell stellen, aber im Sommer vor der stärksten Mittagssonne schützen. An heißen Tagen für gute Luftzirkulation sorgen. Pflanze erst nach und nach an direkte Sonne gewöhnen.

 WÄSSERN UND DÜNGEN
Im Frühjahr und Sommer lauwarm gießen. Substrat leicht feucht halten. Im Herbst und Winter fast trocken werden lassen. Je einmal im Frühjahr und Sommer düngen.

 SONSTIGE PFLEGE
In Kakteenerde pflanzen. Dabei feste Handschuhe tragen oder Pflanze dick in Zeitungspapier packen.

ALARM!
(siehe S. 24–27) | Anfällig für **Wollläuse** und **Schildläuse**

PFLANZE SCHRUMPFT

Sie bekommt zu wenig Wasser. Im Gegensatz zur landläufigen Meinung brauchen auch Kakteen Wasser.

☀ **RETTUNG** *Ein paar Tage lang jeden Tag leicht wässern, Erde darf aber nicht tropfnass sein.*

WEICHE STELLEN

Teile der Pflanze faulen. Ursache ist zu starkes Wässern, oft in Kombination mit zu niedrigen Temperaturen.

☀ **RETTUNG** *Je nach Schwere der Schädigung kann man versuchen, den Kaktus in frische Erde umzutopfen. Faulige Wurzeln werden weggeschnitten.*

Weiche, faulige Stellen

BLÜHT NICHT

Manche Kakteen kann man zum Blühen bringen, wenn sie ein paar Jahre alt sind, etwa Vertreter der Gattungen *Mammillaria*, *Opuntia*, *Astrophytum* und *Rebutia*.

☀♥ **RETTUNG** *Hören Sie im Herbst auf zu wässern und stellen Sie den Kaktus in ein kühles, helles Zimmer. Im Frühjahr bringt man ihn wieder ins Warme und beginnt, vorsichtig zu wässern und zu düngen. Ein kleiner Topf fördert die Blühfreude ebenfalls.*

BRAUNE UND WEISSE STELLEN

Es handelt sich um Sonnenbrand.

☀♥ **RETTUNG** *Nehmen Sie den Kaktus im Sommer aus der sengenden Mittagssonne.*

RISSIGE STELLEN

Ursache: zu starkes Wässern

☀♥ **RETTUNG** *Wässern Sie nicht mehr so häufig (siehe links). Die Risse heilen normalerweise wieder. Prüfen Sie, ob das Substrat stark durchlässig ist und der Topf einen guten Wasserabzug hat.*

Opuntia
Höhe und Breite: bis 50 cm

MÖNCHSKAPPE
Astrophytum ornatum
Der kleine, runde Kaktus trägt gelbe Blüten.

REBUTIA
Rebutia
Ein beliebter Kaktus mit hübschen, röhrenförmigen Blüten in der Nähe der Basis

ZWERGPFEFFER

Peperomia metallica

Zwergpfeffer besiedelt die Böden tropischer Regenwälder.
Es gibt zahlreiche Arten und Sorten mit vielerlei Blattformen
und -farben.

OPTIMALE PFLEGE

✓ STANDORT

Vom Frühjahr bis zum Herbst bei etwa 18–25 °C kultivieren. Im Winter nicht kühler als 10 °C stellen.

☀ LICHT

An einen hellen bis halbschattigen Standort ohne direkte Sonne stellen – ideal ist ein Ost- oder Nordfenster. Der Rote Zwergpfeffer gedeiht auch unter Neonlicht und eignet sich daher gut als Büropflanze.

💧 WÄSSERN UND DÜNGEN

Sobald das Substrat auszutrocknen beginnt, mit lauwarmem Wasser wässern. Am besten von unten gießen, damit das Laub nicht nass wird (siehe S. 18–19). Im Winter weniger wässern. Im Frühjahr und Sommer monatlich düngen.

🪴 SONSTIGE PFLEGE

Für guten Wasserabzug sorgen. Auf eine mit Wasser und Kieseln gefüllte Schale stellen, um die Luftfeuchtigkeit zu erhöhen.

ALARM!
(siehe S. 24–27)

Auf der Pflanze und vor allem der Unterseite der Blätter können sich **Wollläuse** festsetzen.

Peperomia metallica
Höhe und Breite: bis 20 cm

Korkige Stellen

KORKIGE PUSTELN UNTER DEM LAUB

Durch zu starkes Wässern im Winter verursachte Korkflecken

☀ RETTUNG *Im Winter spärlich wässern (siehe S. 28–29).*

BLATTFALL

Kann auf Wassermangel oder Kälte zurückzuführen sein

☀ RETTUNG
Angemessen wässern. Steht die Pflanze kälter als 10 °C, an einen wärmeren Platz stellen.

ÄHNLICH BEHANDELN

ZWERGPFEFFER
Peperomia rotundifolia
Ein hübscher hängender Zwergpfeffer mit kleinen, fleischigen, knopfartigen Blättern

ZWERGPFEFFER
Peperomia obtusifolia
Die Blätter dieser aufrecht wachsenden Art sind oft goldgelb, grau oder cremeweiß gezeichnet.

PFLANZE WELKT TROTZ WÄSSERN

Vielleicht wurde sie zu stark gewässert, sodass die Wurzeln faulen.

☀ RETTUNG *Auf Wurzelfäule überprüfen und geschädigte Bereiche entfernen (siehe S. 28–29).*

SCHMETTERLINGS-ORCHIDEE

Phalaenopsis

Ihre Blüten bleiben wochenlang geöffnet.

OPTIMALE PFLEGE

STANDORT
Ein Raum mit einer Temperatur von etwa 18–26 °C

LICHT
Viel indirektes Licht. Ideal ist ein Ostfenster.

WÄSSERN UND DÜNGEN
Durch Eintauchen des Ballens gießen (siehe S. 18–19) – im Frühjahr und Sommer wöchentlich, im Winter alle zwei Wochen. Am besten weiches Wasser verwenden. Im Frühjahr und Sommer monatlich, im Herbst und Winter alle zwei Monate mit Orchideendünger düngen.

SONSTIGE PFLEGE
In Orchideenerde und einem durchsichtigen Pflanzgefäß kultivieren, damit die Wurzeln Licht bekommen. Wurzeln, die aus dem Topf herausragen, nicht abschneiden, da sie sonst faulen. Nach dem Verblühen die Blütenstängel über einem Knoten zurückschneiden, dann sollte sich nach einigen Monaten ein neuer Blütenstand bilden.

KNOSPEN FALLEN AB

Ursache: zu viel oder zu wenig Wasser, zu trockene Luft oder Temperaturschwankungen

RETTUNG *Pflanze normal wässern (siehe links) und auf einen kies- und wassergefüllten Untersetzer stellen. Immer am selben Platz lassen.*

ALARM!
(siehe S. 24–27)

Auf dem Laub können sich **Schildläuse** und **Wollläuse** festsetzen.

Phalaenopsis
Höhe:
bis 1 m
Breite:
bis 30 cm

BLÜHT NICHT

Es dauert manchmal mehrere Monate, bis eine *Phalaenopsis* erneut blüht. Zu wenig Blühfreude kann außerdem auf Lichtmangel, zu viel oder zu wenig Dünger oder starke Temperaturschwankungen zurückzuführen sein. Mitunter muss auch umgetopft werden.

☀❤ **RETTUNG** *Pflanze heller stellen, im Frühjahr und Sommer monatlich und im Herbst und Winter alle zwei Monate düngen. Ggf. umtopfen. Niedrigere Nachttemperaturen (13–18 °C) können die Orchidee zur Neublüte anregen, daher kühl stellen.*

Gelbe Blätter

WECHSELNDE BLATTFARBE

Die Blätter sollten grasgrün sein. Dass älteres Laub gelb wird, ist normal, bei jüngeren Blättern kann es aber auf zu viel direkte Sonne oder zu wenig Nährstoffe hindeuten. Dunkle Blätter dagegen sind ein Anzeichen für Lichtmangel.

☀❤ **RETTUNG** *Für angemessene Lichtverhältnisse sorgen. Im Frühjahr und Sommer monatlich düngen.*

Schrumpelige Blätter

SCHRUMPELIGE BLÄTTER

Vermutlich bekommt das Laub nicht genug Wasser, entweder weil zu wenig gegossen wird oder die Wurzeln geschädigt sind. Hängende Blätter deuten häufig auf zu trockene Luft hin.

☀❤ **RETTUNG** *Gesunde Wurzeln sind silbrig oder grün. Färben sie sich braun und werden weich, wurde vermutlich zu stark gewässert. Hohle, spröde Wurzeln dagegen sind ein Zeichen für Wassermangel. Sind Wurzeln in Mitleidenschaft gezogen, schneidet man die am schwersten geschädigten ab und topft in frisches Substrat um. Sorgen Sie für höhere Luftfeuchtigkeit, indem Sie den Topf auf eine kies- und wassergefüllte Schale stellen.*

ZWERG-DATTELPALME

Phoenix roebelenii

Diese filigranere Verwandte der Kanarischen Dattel-
palme (Phoenix canariensis) besticht durch elegante,
ausladende Wedel.

OPTIMALE PFLEGE

✓ STANDORT
Die Zwerg-Dattelpalme braucht Zimmer mit etwa 18 °C und ist wärmebedürftiger
als andere Palmen. Sie wird knapp 2 m hoch
und nimmt relativ viel Platz in Anspruch.

☼ LICHT
Die Pflanze fordert viel Licht ein,
doch pralle Sonne tut ihr nicht gut.

☔ WÄSSERN UND DÜNGEN
Sobald sich die obersten 2–3 cm des
Substrats trocken anfühlen, reichlich wäs-
sern. Im Winter Topferde leicht feucht halten.
Im Frühjahr und Sommer monatlich düngen.

🪴 SONSTIGE PFLEGE
Auf eine mit Kieseln und Wasser
gefüllte Schale stellen, um die Luftfeuchtigkeit zu erhöhen. Das ist besonders im
Sommer oder in einem beheizten Zimmer
wichtig.

> **ALARM!**
> (siehe S. 24–27) | Das Laub kann sich **Schild-
> läuse, Wollläuse** und **Rote
> Spinnmilben** einfangen.

LAUB NICHT DUNKELGRÜN
Kann auf Nährstoffmangel hindeuten.

♥ **RETTUNG** *Vom Frühjahr bis zum
Spätsommer monatlich düngen.*

BRAUNE BLATTSPITZEN
Zu trockene Luft, zu wenig Wasser oder
kalte Luft können die Ursache sein.

☼ **RETTUNG** *Pflanze nicht in der
Nähe eines Heizkörpers platzieren. Sie
darf aber auch nicht kälter als 10 °C
stehen. Wässern, sobald das Substrat
trocken ist. Braune Spitzen mit einer
Schere abschneiden.*

BRAUNE BLATTFLECKEN
Kann auf zu intensives Wässern oder einen zu
kalten Standort zurückzuführen sein.

☼ **RETTUNG** *Geschädigtes Laub wegschneiden. Ggf. Standort wechseln oder Pflege
optimieren (siehe links).*

Phoenix roebelenii
Höhe und Breite: bis 1,8 m

Braune Flecken

BRAUNE BLÄTTER

Wenn nur die unteren Blätter betroffen sind, besteht kein Grund zur Besorgnis – es ist normal, dass altes Laub abstirbt. Prüfen Sie aber, ob Sie nicht zu viel gegossen haben und die Wurzeln faulen.

☀ RETTUNG *Braune Blätter bis zum Ansatz herausschneiden. Erst wässern, wenn die obersten 2–3 cm des Substrats trocken sind. Besteht das Problem weiter, Pflanze auf Wurzelfäule überprüfen und geschädigte Wurzeln entfernen (siehe S. 28–29).*

HOHE STECKENPALME
Rhapis excelsa
Diese Palme kommt mit weniger Licht aus als die Zwerg-Dattelpalme.

EUROPÄISCHE ZWERGPALME
Chamaerops humilis
Sie wächst langsam und verträgt niedrigere Temperaturen, wird jedoch nur etwa 1,2 m hoch.

DIE FÜNF BESTEN FÜR
DUNKLE ECKEN

Alle Pflanzen brauchen Licht, um zu wachsen – manche viel, andere weniger. Zu Letzteren gehören vor allem Arten mit großen Blättern. Hier fünf solcher Schattenwesen.

Nestfarn

Asplenium nidus

Der pflegeleichte Farn bildet eine Rosette aus üppigem Laub. Er ist mit einer geringen Lichtdosis zufrieden, doch sollte man die Blätter gelegentlich abwischen, damit sie glänzend bleiben und so viel Helligkeit wie möglich abbekommen.

Siehe Nestfarn auf S. 97

Einblatt

Spathiphyllum

Einblätter sind anspruchslose Pflanzen mit glänzendem grünem Laub und auffälligen weißen Blüten. Wenig Licht macht ihnen nichts aus, und auch das Wässern darf man gelegentlich vergessen.

Siehe Einblatt auf S. 124–125

Kletter-Philo-dendron

Philodendron scandens

Glänzende, herzförmige Blätter zeichnen diesen Philodendron aus. Als Kletterpflanze braucht er eine Stütze, etwa einen Moosstab.

Siehe Kletter-Philodendron auf S. 63

Zimmeraralie

Fatsia japonica

Die auffällige Zimmerschönheit mit ihren großen, üppigen, glänzenden Blättern gedeiht selbst bei schwachem Licht und verträgt im Winter sogar Temperaturen bis fast zum Gefrierpunkt.

Siehe Zimmeraralie

auf S. 81

Schusterpalme

Aspidistra

Ihren Namen hat sie bekommen, weil sie früher oft in düsteren Schusterwerkstätten stand – und dort sogar gedieh. Wischen Sie die Blätter gelegentlich ab, damit sie so viel Licht wie möglich sammeln können. Seltenes Wässern verzeiht sie, doch auf nasses Substrat reagiert sie ausgesprochen empfindlich.

Siehe Schusterpalme auf S. 125

UFOPFLANZE

Pilea peperomioides

Die Ufopflanze, auch Chinesischer Geldbaum genannt, ist mit ihren hübschen, schildartigen Blättern zur beliebten Zimmerpflanze avanciert.

OPTIMALE PFLEGE

STANDORT

In ein Zimmer mit 18–24 °C stellen. Temperatur im Winter nie unter 12 °C fallen lassen. Mag hohe Luftfeuchtigkeit, ist also ideal für Bäder.

LICHT

Braucht viel Licht oder Halbschatten, volle Sonne aber führt zu Blattschäden. Im Halbschatten werden die Blätter größer als an sehr hellen Standorten.

WÄSSERN UND DÜNGEN

Das Substrat sollte nach dem Wässern feucht sein, bis zum nächsten Gießen lässt man es aber leicht austrocknen. Im Frühjahr und Sommer alle zwei Wochen düngen.

SONSTIGE PFLEGE

Die Pflanze braucht gute Dränage und verträgt keine Nässe um die Wurzeln. Das Laub wird gelegentlich mit einem feuchten Tuch abgewischt, damit es staubfrei und glänzend bleibt. Der Ufopflanze tut es gut, wenn man sie hin und wieder besprüht.

Pilea peperomioides
Höhe und Breite:
bis 30 cm

BLÄTTER WACHSEN NUR IN EINE RICHTUNG

Das Laub dreht sich zum Licht.

☀ **RETTUNG** *Drehen Sie die Pflanze regelmäßig, damit eine gleichmäßige Kuppelform entsteht.*

GELBE ODER ABFALLENDE BLÄTTER

Wenn die Blätter am Ansatz der Pflanze gelb werden, ist das kein Grund zur Sorge – es handelt sich um altes Laub. Färben sich hingegen alle Blätter gelb, wurde zu stark oder zu wenig gewässert.

☀ **RETTUNG** *Gießen und pflegen Sie die Pflanze wie links beschrieben.*

PUDERIGE WEISSE STELLEN AUF DEM LAUB

Es handelt sich um Echten Mehltau. Die Pflanze geht davon nicht ein, sieht aber unschön aus.

☀ **RETTUNG** *Befallene Blätter sofort entfernen. Luftzirkulation um die Pflanze verbessern (siehe S. 28–29.*

Weiße Flecken

ÄHNLICH BEHANDELN

EINGEHÜLLTE KANONIERBLUME
Pilea involucrata 'Moon Valley'

Die dekorative Pflanze braucht eine höhere Luftfeuchtigkeit als die Ufopflanze. Gut aufgehoben ist sie in einem Terrarium.

VIETNAMESISCHE KANONIERBLUME
Pilea cadierei

Auch sie braucht möglichst feuchte Luft. Besprühen Sie das Laub häufig und stellen Sie die Pflanze auf eine mit Kies und Wasser gefüllte Schale.

GEWEIHFARN
Platycerium bifurcatum

In freier Natur wachsen Geweihfarne statt in Erde auf anderen Pflanzen. Zu Hause kann man sie mit oder ohne Erde – etwa auf Rinden und ähnlichen Unterlagen – kultivieren.

OPTIMALE PFLEGE

✓ STANDORT
Für hohe Luftfeuchtigkeit und eine Temperatur zwischen 10 und 24 °C sorgen. Ideal ist z. B. ein Badezimmer.

LICHT
Sehr hell stellen, aber ohne direkte Sonne, da sie die Blätter versengt.

> **ALARM!**
> (siehe S. 24–27)
>
> Auf der Blattunterseite setzen sich gern **Schildläuse** fest.

WÄSSERN UND DÜNGEN
Geweihfarne nehmen Wasser über Wurzeln und Wedel auf. Substrat stets leicht feucht halten. Exemplare, die auf einer Unterlage sitzen, 20 Minuten in lauwarmes Wasser tauchen oder unter laufendes, lauwarmes Wasser halten. Vor dem Wiederaufstellen abtropfen lassen. In warmen Räumen wöchentlich, ansonsten alle 2–3 Wochen wässern. Im Frühjahr und Sommer monatlich düngen.

 SONSTIGE PFLEGE
Regelmäßig mit lauwarmem Wasser besprühen, vor allem in warmen Räumen.

Platycerium bifurcatum
Höhe und Breite: bis 1 m

BRAUNE ODER WELKENDE WEDELSPITZEN

Die Pflanze bekommt nicht genug Wasser.

♥ **RETTUNG** *Öfter wässern und Luftfeuchtigkeit durch häufiges Besprühen der Wedel erhöhen.*

PFLANZE WELKT TROTZ HÄUFIGEM WÄSSERN

Mögliche Ursache: Wurzelfäule

♥ **RETTUNG** *Pflanze auf Wurzelfäule prüfen und schwarze, faulige Wurzeln entfernen (siehe S. 28–29).*

(siehe S. 28–29)

ÄHNLICH BEHANDELN

GROSSER GEWEIHFARN
Platycerium grande
Diese Art mit hellgrünen, geweihartigen Wedeln wird größer als Platycerium bifurcatum.

WEDEL WERDEN AM ANSATZ BRAUN ODER SCHWARZ

Die Pflanze wurde zu stark gewässert.

♥ **RETTUNG** *Gießen Sie einige Wochen nicht und wässern Sie anschließend normal weiter.*

Wedel aus der Pflanzenmitte

Unten ist die Pflanze von Schildblättern umgeben.

BRAUNE SCHILDBLÄTTER

Geweihfarne tragen am Ansatz schildförmige Blätter. Sie unterstützen die Wasseraufnahme und schützen die Wurzeln. Mit der Zeit werden sie braun – ein normaler Vorgang.

♥ **RETTUNG** *Es ist nicht nötig, etwas zu unternehmen, wenn die Schildblätter braun werden. Sie dürfen nicht abgeschnitten werden.*

USAMBARAVEILCHEN

Saintpaulia

Die beliebten Pflänzchen mit ihren pelzig behaarten Blättern sind in unterschiedlichsten Blütenfarben erhältlich. Dank ihrer geringen Größe eignen sie sich besonders für beengte Verhältnisse.

OPTIMALE PFLEGE

STANDORT
Warm stellen (16–23 °C) und für hohe Luftfeuchtigkeit sorgen. Ideal ist ein Fenster im Bad oder in der Küche, solange es dort nicht zu kühl wird.

LICHT
Die Pflanze liebt viel indirektes Licht, aber keine direkte Sonne, da die Blätter sonst versengt werden.

WÄSSERN UND DÜNGEN
Erst wässern, wenn die obersten 2–3 cm Substrat ausgetrocknet sind. Pflanze sollte von unten gewässert werden, indem man sie 30 Minuten in Wasser stellt (siehe S. 18), damit das Laub nicht nass wird. Im Frühjahr und Sommer monatlich düngen.

SONSTIGE PFLEGE
Topf auf eine mit Wasser und Kieseln oder Kies gefüllte Schale stellen, um die Luftfeuchtigkeit zu erhöhen. Verblühtes abschneiden. Usambaraveilchen fühlen sich in kleinen Gefäßen am wohlsten, sollten also nicht zu oft umgetopft werden.

GELBE BLÄTTER

Schuld kann zu trockene Luft, zu viel Sonne oder falsches Wässern und Düngen sein.

♥ RETTUNG
Pflanze nicht in die pralle Sonne stellen. Luftfeuchtigkeit erhöhen. Angemessen wässern und düngen.

KEINE BLÜTEN

Usambaraveilchen blühen oft im Winter nicht, weil sie in dieser Zeit zu wenig Licht haben. Vom Frühjahr bis zum Herbst deuten fehlende Blüten auf falsche Behandlung hin.

☀ **RETTUNG** *Pflanze im Winter in ein helles Süd- oder Westfenster stellen. Vom Frühjahr bis zum Herbst prüfen, ob korrekt gedüngt wurde und der Standort warm genug ist.*

ALARM!
(siehe S. 24–27)

Achten Sie auf **Wollläuse** an der Blattunterseite.

BRAUNE BLATTFLECKEN

Sie bilden sich, wenn mit kaltem Wasser gegossen wurde oder die Blätter nass geworden sind.

❤ **RETTUNG** *Wässern Sie immer von unten, damit das Laub trocken bleibt. Stellen Sie die Pflanze dazu etwa 30 Minuten in einen mit Wasser gefüllten Untersetzer. Das Wasser sollte Zimmertemperatur haben.*

Braune
Flecken

*Saintpaulia
'Bright Eyes'*

Höhe und
Breite:
bis 15 cm

PFLANZE WELKT

Es wurde zu viel oder zu wenig gewässert.

❤ **RETTUNG** *Von unten wässern, sobald die oberen 2–3 cm des Substrats trocken sind. Auf Wurzel- oder Wurzelhalsfäule untersuchen (siehe S. 28–29).*

GRAUER FLAUM AUF DEN BLÄTTERN

Ursache: vermutlich Grauschimmel (Botrytis)

❤ **RETTUNG** *Befallene Blätter abschneiden. Pflanze mit Schachtelhalmbrühe behandeln (siehe S. 28–29).*

Grauer Pilzflaum

SCHWIEGERMUTTER-ZUNGE

Sansevieria trifasciata

Die auffällige Pflanze mit schwertartigen Blättern ist praktisch unkaputtbar. Killen kann man sie nur mit zu viel Wasser und Kälte.

OPTIMALE PFLEGE

STANDORT

Die Pflanze stellt wenig Ansprüche an ihren Standort. Sie gedeiht bei 10–26 °C und verträgt sowohl Zug als auch trockene Luft.

LICHT

Viel indirektes Licht, verträgt aber auch etwas direkte Sonne. Kommt mit wenig Licht zurecht, doch können die panaschierten Blätter dann rein grün werden.

WÄSSERN UND DÜNGEN

Im Frühjahr und Sommer mäßig, im Herbst und Winter sogar noch weniger gießen. Im Frühjahr und Sommer monatlich düngen.

SONSTIGE PFLEGE

In einen schweren Topf pflanzen, um ein Umfallen zu vermeiden. Die Blattspitzen nicht verletzen, sonst wächst die Pflanze nicht mehr. Blätter gelegentlich abwischen, damit sie glänzend bleiben. Nur umpflanzen, wenn die Wurzeln den Topf komplett ausfüllen.

BLÄTTER WACHSEN SEITWÄRTS

Pflanze wurde zu stark oder zu wenig gewässert, bekommt nicht genug Licht oder hat einen verdichteten Wurzelballen. Hohe, ältere Blätter kippen manchmal um.

RETTUNG *Angemessener pflegen und für gutes Licht sorgen (siehe links). Ggf. umtopfen.*

GELBE BLÄTTER

Meist durch zu starkes Wässern verursacht, vor allem im Winter. Pflanzenbasis und Wurzeln auf Fäule überprüfen.

RETTUNG *Substrat völlig austrocknen lassen. Pflanze an einen wärmeren Platz stellen, falls es ihr zu kalt ist. Auf Wurzelfäule prüfen und geschädigte Wurzeln entfernen (siehe S. 28–29).*

Gelbe Blätter

RUNZLIGE BLÄTTER

Es wurde vermutlich zu wenig gegossen.

☀ RETTUNG

Pflanze einige Tage etwas mehr als sonst wässern, dann sollten die Blätter wieder fest werden.

Blatt mit Runzeln

ALARM!
(siehe S. 24–27)

Auf dem Laub können **Woll-läuse** sitzen.

Sansevieria trifasciata

Höhe:
bis 1,2 m

Breite:
bis 50 cm

(siehe S. 24–27)

ÄHNLICH BEHANDELN

BOGENHANF
Sansevieria cylindrica

Die zylindrischen Blätter dieser Pflanze werden manchmal zu einem Zopf geflochten.

SÄULEN-EUPHORBIE
Euphorbia trigona

Eine auffällige Sukkulente mit spitzen Dornen. Auch als Dreikantige Wolfsmilch oder Westernkaktus im Handel

JUDENBART

Saxifraga stolonifera

Die bezaubernde Hängepflanze trägt hübsches, geädertes Laub mit rötlicher Unterseite.

IIIIIIIIIIIIIIIIIIIIIIIIIIIIIIIIIIIII

Braune Stellen

OPTIMALE PFLEGE

✓ STANDORT

Judenbart in ein kühles bis mäßig warmes Zimmer (10–21 °C) stellen. Im Winter Temperatur nicht unter 7 °C fallen lassen. Gut in einer Blumenampel oder auf einem Regal: Die Ausläufer können 75 cm lang werden.

☀ LICHT

Hell stellen. Braucht viel indirektes Licht, verträgt aber keine volle Sonne

💧 WÄSSERN UND DÜNGEN

Vom Frühjahr bis zum Herbst reichlich gießen, wenn die obersten 2–3 cm des Substrats ausgetrocknet sind. Von unten wässern, damit Blätter und Ansatz nicht nass werden und sich dadurch eine Pilzkrankheit einfangen. Im Winter weniger wässern. Im Frühjahr und Sommer monatlich düngen.

🪴 SONSTIGE PFLEGE

In warmen Räumen tut dem Judenbart etwas Luftfeuchtigkeit gut, daher auf eine kieselgefüllte Wasserschale stellen. Wächst rasch, doch vertragen die Wurzeln keine Enge, sodass vermutlich jedes Jahr umgetopft werden muss.

BRAUNE BLATTFLECKEN

Ursache: Sonnenbrand

☀ **RETTUNG** *Pflanze aus der prallen Sonne nehmen.*

PFLANZE WELKT

Es wurde zu viel gewässert, was vor allem im Winter schädlich ist.

☀ **RETTUNG** *Substrat prüfen. Ist es staunass, Erde austrocknen lassen. Ggf. Wurzeln auf Wurzelfäule untersuchen: Befallene Teile sind dunkel und faulig und müssen weggeschnitten werden. Anschließend Pflanze in frisches Substrat setzen (siehe S. 28–29).*

ALARM!
(siehe S. 24–27)

Kann von **Roten Spinnmilben** und **Blattläusen** befallen werden.

MOTTENKÖNIG
Plectranthus

Der Mottenkönig nimmt trockene Luft nicht so übel wie der Judenbart. Er eignet sich besonders für Blumenampeln.

Saxifraga stolonifera

Höhe und Breite: bis 20 cm

BRAUNE AUSLÄUFER

Auf zu wenig Wasser oder zu trockene Luft zurückzuführen

❤ RETTUNG

Angemessen wässern. Pflanze auf einen mit Kieseln und Wasser gefüllten Untersetzer stellen. Regelmäßig besprühen.

STRAHLENARALIE

Schefflera arboricola

Die unkomplizierte Blattschmuckpflanze verbreitet eine exotische Atmosphäre. Wenn man sie nicht mehr höher wachsen lassen will, kappt man einfach ihren Leittrieb.

OPTIMALE PFLEGE

✓ STANDORT
Gedeiht bei Temperaturen zwischen 13 und 24 °C. Mindesttemperatur auch im Winter: 13 °C

☀ LICHT
Hell, aber ohne direkte Sonne

💧 WÄSSERN UND DÜNGEN
Vom Frühjahr bis zum Herbst wässern, wenn die obersten 2–3 cm der Topferde trocken werden. Kann ruhig auch einmal zu wenig gewässert werden, verübelt aber zu starkes Gießen, denn dann faulen die Wurzeln (siehe *Krankheiten* auf S. 28–29). Im Winter weniger wässern. Im Frühjahr und Sommer monatlich düngen.

SONSTIGE PFLEGE
Bei warmer Witterung oder in warmen Räumen evtl. die Blätter besprühen. Laub von Zeit zu Zeit mit einem sauberen, feuchten Tuch abwischen, damit es staubfrei bleibt.

KLEBRIGE BLÄTTER

Erste Anzeichen von Schildläusen sind klebrige Blätter, auf denen sich später ein schwarzer Schimmelbelag bildet. An der Unterseite erkennt man winzige braune Erhebungen.

☀ **RETTUNG** *Insekten wegreiben, Blätter sauberwischen und Schimmel entfernen. Paraffinöl-Präparate oder Schmierseifen-Spiritus-Brühe einsetzen (siehe S. 24–27).*

LAUBFALL

Kann auf Temperaturschwankungen oder einen zu dunklen Standort zurückzuführen sein. Manchmal führt auch zu starkes oder zu seltenes Gießen zum Abfallen der Blätter.

☀ **RETTUNG** *Sorgen Sie für eine ausreichend hohe Temperatur (13-24 °C) und viel indirektes Licht. Zugluft meiden. Angemessen wässern (siehe links).*

PFLANZE KIPPT

Sie wächst zum Licht hin.

✿ **RETTUNG**

Pflanze regelmäßig drehen oder an eine Stütze, etwa einen Bambus- oder Moosstab, binden.

ALARM!
(siehe S. 24–27)

Das Laub kann von **Schildläusen** und **Roten Spinnmilben** befallen werden.

HÄNGENDES LAUB

Ursache: falsches Wässern

✿ **RETTUNG**

Prüfen Sie die Topferde. Ist sie nass, lässt man sie austrocknen und prüft den Ballen auf Wurzelfäule (siehe Seite 28–29). Erst wässern, wenn die oberen 2–3 cm Substrat ausgetrocknet sind.

Schefflera arboricola

Höhe:
bis 1,4 m

Breite:
bis 1 m

ÄHNLICH BEHANDELN

KROTON
Codiaeum variegatum

Der Kroton bevorzugt etwas wärmere Bedingungen als eine Strahlenaralie (im Winter mindestens 15 °C) und hohe Luftfeuchtigkeit. Er reagiert empfindlich auf Temperaturschwankungen.

GLANZKÖLBCHEN
Aphelandra squarrosa

Das Glanzkölbchen wird oft während der Blüte verkauft. Es braucht im Winter mindestens 15 °C. Zu viel Wasser lässt die unteren Blätter abfallen.

Zimmerpflanzen

WEIHNACHTSKAKTUS

Schlumbergera × buckleyi

Weihnachtskakteen sind Waldkakteen, stammen also nicht wie viele andere Vertreter ihrer Familie aus der Wüste. Sie tragen im Winter Blüten.

OPTIMALE PFLEGE

STANDORT
Für 18–24 °C Grad Zimmertemperatur sorgen. Braucht zum Blühen zweimal jährlich kühlere Temperaturen.

LICHT
Hell, ohne direkte Sonne

WÄSSERN UND DÜNGEN
Erst wässern, wenn die obersten 2–3 cm der Topferde trocken sind. Überschüssiges Wasser ablaufen lassen – verträgt keine Staunässe. Im Winter weniger gießen. Im Frühjahr und Sommer monatlich düngen.

SONSTIGE PFLEGE
Auf einen kies- und wassergefüllten Untersetzer stellen, um die Luftfeuchtigkeit zu erhöhen. Zudem Laub zweimal wöchentlich besprühen, außer während der Blüte. Alle 1–2 Jahre in einen größeren Topf umsetzen. Kies in das Substrat einarbeiten.

ALARM!
(siehe S. 24–27)

In den Ritzen können sich **Wollläuse** festsetzen.

KEINE BLÜTEN

Die Pflanze braucht eine Ruheperiode, um wieder zu blühen.

RETTUNG *Kaktus nach der Blüte etwa acht Wochen lang in einen kühlen, unbeheizten Raum mit etwa 12 °C stellen und weniger wässern. Im Sommer draußen in den Schatten stellen und normal gießen. Im Herbst ein zweites Mal acht Wochen lang kühl stellen (idealerweise in einen Raum, in dem abends kein künstliches Licht brennt). Dann an den Hauptstandort zurückbringen und wieder normal pflegen.*

ROTE BLÄTTER

Die Pflanze bekommt zu viel Sonne ab.

☀ **RETTUNG** *Aus der prallen Sonne holen.*

Rötliche Blätter

Schlumbergera-Hybride

Höhe und Breite: bis 35 cm

KNOSPEN FALLEN AB

Kommt vor, wenn die Pflanze während der Blüte umgestellt wird. Kann auch durch falsches Wässern und Temperaturschwankungen verursacht werden.

☀ **RETTUNG** *Pflanze im frühen Knospenstadium an normalen Standort zurückstellen. Wie links angegeben wässern.*

ÄHNLICH BEHANDELN

OSTERKAKTUS
Schlumbergera gaertneri

Diese Art blüht im Frühjahr. Sie bevorzugt wie der Weihnachtskaktus einen Sommeraufenthalt im Freien und eine anschließende Ruheperiode, um zu blühen.

BINSENKAKTUS
Rhipsalis baccifera

Der Kaktus eignet sich hervorragend für Blumenampeln. Reife Exemplare können sogar Früchte tragen.

BUBIKOPF

Soleirolia soleirolii

Der Bubikopf bildet ein breitwüchsiges Polster aus winzigen Blättern, die über den Rand des Topfs fallen. Es sind auch Bubiköpfe mit panaschiertem oder goldgelbem Laub erhältlich.

OPTIMALE PFLEGE

STANDORT
Kommt mit Temperaturen zwischen 10 und 21 °C zurecht, fühlt sich aber am kühleren Ende dieser Spanne am wohlsten.

LICHT
Hell, ohne direkte Sonne

WÄSSERN UND DÜNGEN
Vom Frühjahr bis zum Herbst Substrat feucht halten, aber Staunässe vermeiden. Im Winter leicht feucht halten. Einmal im Frühjahr und einmal im Sommer düngen.

SONSTIGE PFLEGE
Auf eine kieselgefüllte Wasserschale stellen, um für hohe Luftfeuchtigkeit zu sorgen, vor allem in einem warmen Zimmer. Mit der Schere in Form bringen. Der Bubikopf wird bisweilen für Terrarien empfohlen, kann dort aber ungebührlich stark wuchern.

BRAUNE BLÄTTER

Wassermangel, zu trockene oder zu heiße Luft und Sonnenbrand können die Ursache sein.

 **RETTUNG** *Substrat vom Frühjahr bis zum Herbst feucht, im Winter nur leicht feucht halten. Pflanze auf einen mit Kieseln und Wasser gefüllten Untersetzer stellen, um die Luftfeuchtigkeit zu erhöhen. Direkte Sonne meiden.*

PFLANZE WELKT

Mögliche Ursache: zu viel oder zu wenig Wasser

RETTUNG *Substrat vom Frühjahr bis in den Herbst hinein feucht und im Winter nur leicht feucht halten, aber nie staunass werden lassen. Wurzeln auf Wurzelfäule überprüfen und erkrankte Bereiche wegschneiden (siehe S. 28–29).*

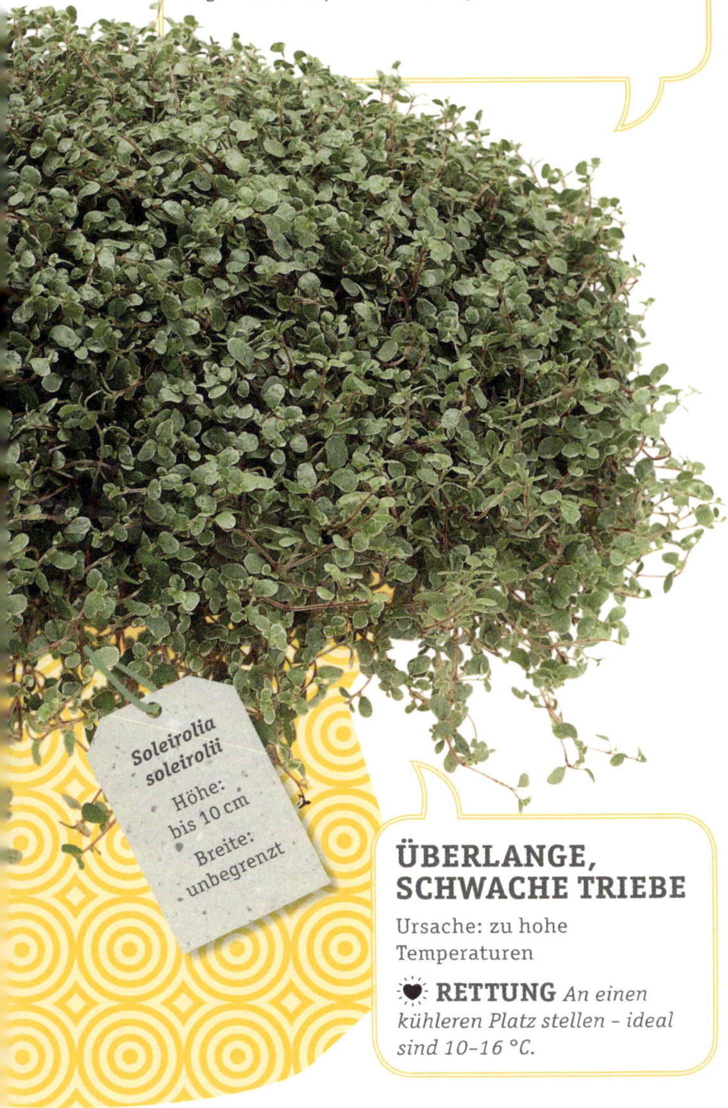
Soleirolia soleirolii
Höhe: bis 10 cm
Breite: unbegrenzt

ÜBERLANGE, SCHWACHE TRIEBE

Ursache: zu hohe Temperaturen

RETTUNG *An einen kühleren Platz stellen – ideal sind 10–16 °C.*

ÄHNLICH BEHANDELN

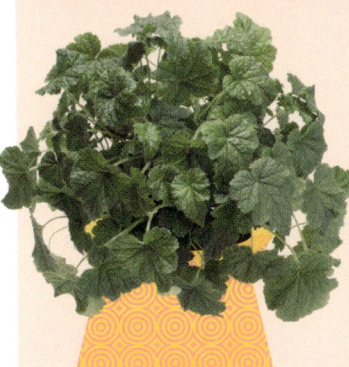

HENNE MIT KÜKEN

Tolmiea menziesii

Die Pflanze bildet auf älteren Blättern winzige Tochterpflänzchen.

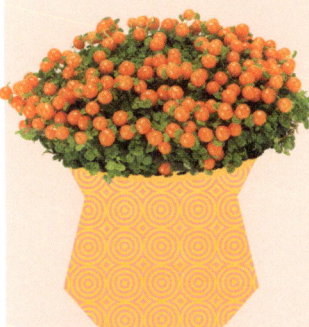

KORALLENMOOS

Nertera granadensis

Das Korallenmoos braucht reichlich Licht und fühlt sich auch in kühlen Räumen wohl. Das Substrat darf jedoch nicht austrocknen.

EINBLATT

Spathiphyllum

Das Einblatt mit seinen glänzenden, grünen Blättern und den gelegentlich erscheinenden Blüten ist eine unkomplizierte Einsteigerpflanze.

OPTIMALE PFLEGE

STANDORT
Ein warmer Raum mit einer Temperatur zwischen 13 und 26 °C. Vor Zugluft schützen.

LICHT
Hell, aber ohne direkte Sonne

WÄSSERN UND DÜNGEN
Wässern, wenn die obersten 2–3 cm des Substrats trocken sind. Vom Frühjahr bis zum Spätsommer monatlich düngen. In einer Gegend mit hartem Wasser weiches Wasser, z. B. Regenwasser, zum Gießen verwenden.

SONSTIGE PFLEGE
Pflanze auf eine mit Kieseln und Wasser gefüllte Schale stellen. Ggf. die Blätter ein-, zweimal die Woche besprühen, vor allem in warmen Räumen. Welke Blüten und gelbe Blätter abzwicken. Einblatt jährlich im Frühjahr umtopfen.

ALARM!
(siehe S. 24–27) | Auf der Unterseite der Blätter können sich **Wollläuse** festsetzen.

PFLANZE LÄSST ALLES HÄNGEN

Sie braucht Wasser.

❤ **RETTUNG** *Halbe Stunde in einen Eimer Wasser tauchen und abtropfen lassen. Danach sollte sie sich rasch erholen (siehe S. 18–19).*

GELBE BLÄTTER

Altes Laub wird von Natur aus gelb. Gelbfärbung bei jungen Blättern deutet auf Stress hin.

❤ **RETTUNG**
Prüfen, ob die Pflanze den geeigneten Standort hat und angemessen gewässert wird (siehe links). Umtopfen, falls der Ballen stark durchwurzelt ist. Mit destilliertem, filtriertem Wasser oder Regenwasser gießen.

BRAUNE BLATT-FLECKEN

Blätter sind versengt.

RETTUNG

Pflanze aus der prallen Sonne nehmen und an einen schattigeren Platz stellen.

Braune Flecken

ÄHNLICH BEHANDELN

KOLBENFADEN
Aglaonema

Dem Kolbenfaden machen ein schattiger Standort und Temperaturschwankungen nichts aus. Er eignet sich daher gut für Durchgänge.

BRAUNE BLATTSPITZEN

Als Ursache kommen mangelnde Luftfeuchtigkeit, unregelmäßiges Wässern und Düngen oder zu hartes Wasser in Betracht.

RETTUNG *Luftfeuchtigkeit erhöhen. Angemessen düngen und wässern (siehe links). Auf weiches Wasser umsteigen.*

Spathiphyllum

Höhe und Breite: bis 60 cm.

SCHUSTERPALME
Aspidistra

Laub gelegentlich abwischen und Pflanze nur im Notfall umtopfen. Sie verträgt kein nasses Substrat.

DIE FÜNF BESTEN FÜR DAS
WOHNZIMMER

Verbannen Sie Zimmerpflanzen nicht in eine staubige Ecke Ihres Wohnzimmers. Sie gehören ins Rampenlicht und in Gefäße, die ihre Schönheit unterstreichen. Hier fünf Vorzeigestücke.

Schwiegermutterzunge

Sansevieria trifasciata

Der pflegeleichte Dauerbrenner unter den Zimmerpflanzen gefällt durch seinen kräftigen, architektonischen Wuchs. Er macht sich überall gut und ist ein vorzüglicher Luftreiniger.

Siehe Schwiegermutterzunge auf S. 114–115

Geigen-Feige

Ficus lyrata

Die beliebte Geigen-Feige ist mit ihren üppigen, spatelförmigen Blättern der Liebling der Innenarchitekten. Sobald man den idealen Platz für sie gefunden hat, sollte man sie nicht mehr umsetzen, sonst reagiert sie beleidigt und wirft ihr Laub ab.

Siehe Geigen-Feige auf S. 76–77

Glücksfeder

Zamioculcas zamiifolia

Die auffallende Pflanze mit üppigem Laub setzt überall einen unübersehbaren Akzent. Sie braucht nicht viel Platz und ist pflegeleicht.

Siehe Glücksfeder auf S. 138–139

Kentiapalme

Howea forsteriana

Eine unkomplizierte Palme, die Eleganz ins Wohnzimmer bringt. Wenn sie viel Licht (keine direkte Sonne) bekommt, wächst sie grün und üppig. Die Blätter sollten ab und an abgewischt und besprüht werden.

Siehe Kentiapalme auf S. 84–85

Großes Fensterblatt

Monstera deliciosa

Das Fensterblatt war in den 1970er-Jahren groß in Mode, ist aber auch jetzt wieder im Kommen. Es prägt einen Raum. Man weist ihm einen hellen bis halbschattigen Standort und reichlich Platz zu, denn es kann ziemlich groß werden.

Siehe Großes Fensterblatt auf S. 94–95

PARADIESVOGEL-BLUME
Strelitzia reginae

Woher die exotische Schönheit ihren Namen hat, erkennt man sofort: Die Blüten sehen aus wie der Kopf eines Vogels.

OPTIMALE PFLEGE

✅ STANDORT
Braucht viel Wärme (mindestens 20 °C) und hohe Luftfeuchtigkeit. Ideal ist ein helles Badezimmer oder ein Wintergarten. Bevorzugt ferner gute Durchlüftung und kann daher im Sommer draußen stehen. Mindesttemperatur im Winter: 10 °C

LICHT
So viel Licht wie möglich, aber keine pralle Sommersonne

WÄSSERN UND DÜNGEN
Reichlich wässern, wenn sich die Erde trocken anfühlt, aber Staunässe vermeiden. Im Winter moderat gießen. Im Frühjahr und Sommer monatlich düngen.

SONSTIGE PFLEGE
Auf einen mit Kieseln und Wasser gefüllten Untersetzer stellen und Blätter von Zeit zu Zeit besprühen, um die Luftfeuchtigkeit zu erhöhen. Erst umtopfen, wenn die Wurzeln oben aus dem Topf oder den Abzugslöchern herauswachsen. Blätter mit einem sauberen, feuchten Tuch entstauben.

BLÜHT NICHT
Die Pflanze blüht erst, wenn sie älter ist (frühestens ab vier Jahren) und viel Licht und Nährstoffe bekommt. In kleinen Töpfen fühlt sie sich am wohlsten.

❤ **RETTUNG** *Versorgen Sie die Paradiesvogelblume mit genügend Licht und Nährstoffen. Sie mag es eng, der Topf sollte also nicht zu groß sein.*

BRAUNE BLÄTTER, BLATTSPITZEN UND -RÄNDER
Ursache: zu geringe Luftfeuchtigkeit, zu wenig Wasser oder zu viel Dünger

❤ **RETTUNG** *Luftfeuchtigkeit erhöhen. Angemessen wässern und düngen (siehe links).*

ALARM!
(siehe S. 24–27)

Schildläuse, Wollläuse und **Rote Spinnmilben** können sich auf dem Laub festsetzen.

Strelitzia
reginae
Höhe:
bis 1,8 m
Breite:
bis 75 cm

GELBE BLÄTTER

Es ist normal, dass die älteren Blätter irgendwann gelb werden und abfallen. Wenn jüngeres Laub welkt, wurde entweder zu viel oder zu wenig gegossen, doch kann der Pflanze auch der Standort nicht behagen.

☀ **RETTUNG** *Gelbe Blätter vorsichtig abzupfen. Angemessen wässern. Für ausreichend Licht und Wärme (mindestens 20 °C) sorgen.*

FAULT AM ANSATZ

Schuld daran ist Wurzel- oder Stängelfäule, verursacht durch zu nasses Substrat.

☀ **RETTUNG** *In frisches Substrat umtopfen. Für gute Dränage sorgen. Nicht zu viel gießen (siehe S. 28–29).*

DREHFRUCHT

Streptocarpus

Die bezaubernde Zimmergenossin macht sich mit frischgrünen Blättern und hübschen Blüten in allerlei Farben beliebt.

ALARM!
(siehe S. 24–27)

Auf der Unterseite der Blätter können **Wollläuse** sitzen.

OPTIMALE PFLEGE

✓ STANDORT

In ein helles Zimmer mit moderaten Temperaturen zwischen 13 und 21 °C stellen.

☀ LICHT

Hell, aber ohne direkte Sonne, vor allem nicht im Sommer – ein Ost- oder Westfenster ist ideal.

💧 WÄSSERN UND DÜNGEN

Wässern, sobald die obersten 4–5 cm Substrat trocken sind. Die Topferde sollte feucht, aber nicht nass sein; überschüssiges Wasser muss ablaufen können. Im Winter weniger wässern. Im Frühjahr und Sommer alle zwei Wochen düngen – ein Kali- bzw. Blühpflanzendünger fördert die Blüte.

🪴 SONSTIGE PFLEGE

Jedes Jahr im Frühjahr in einen geringfügig größeren, flachen Topf umsetzen. Verblühtes abschneiden, damit sich immer neue Blüten bilden. Im Herbst und Winter sterben die Blattenden ab. Das ist normal – einfach die braunen Enden abzwicken.

BRAUNE BLATTFLECKEN

Das Laub kann von der Sonne versengt worden sein.

💗 **RETTUNG** *Pflanze nicht in die volle Sonne stellen. Beim Wässern dürfen die Blätter nicht nass werden.*

Versengte Stellen

BLATTANSATZ FAULT

Dies kann auf zu intensives Wässern, ein ständig nasses Substrat oder mangelnde Dränage zurückzuführen sein.

💗 **RETTUNG** *Betroffene Blätter abschneiden. Substrat austrocknen lassen. Prüfen, ob Wasser gut ablaufen kann. Zwischen dem Gießen Erde trocknen lassen.*

GRAUER BELAG AUF BLÄTTERN

Es handelt sich um Grauschimmel.

💙 **RETTUNG** *Befallene Blätter entfernen und Pflanze mit Schachtelhalmbrühe behandeln (siehe S. 28–29).*

PFLANZE WELKT

Ursache: Es wurde zu viel oder zu wenig gegossen.

💙 **RETTUNG** *Falls zu viel gewässert wurde, das Substrat trocknen lassen – es muss grundsätzlich zwischen den Wassergaben austrocknen. Wenn zu wenig gewässert wurde, mehr gießen.*

ÄHNLICH BEHANDELN

GLOXINIE
Sinningia speciosa

Gloxinien brauchen einen hellen Standort, vertragen aber keine Zugluft. Sie werden nach der Blüte oft weggeworfen, blühen eventuell aber noch ein weiteres Mal. Dazu wartet man, bis sie einziehen, entfernt dann alle gelben Triebe und Blätter und wässert weniger. Im Frühjahr topft man sie um und gießt wieder häufiger.

Streptocarpus

Höhe:
bis 30 cm

Breite:
bis 45 cm

GROSSE BLÄTTER, ABER WENIGE BLÜTEN

Die Pflanze wurde nicht angemessen gedüngt oder bekommt zu wenig Licht.

💙 **RETTUNG** *Pflanze im Frühjahr und Sommer alle zwei Wochen düngen; auf korrekte Dosierung achten. Steht sie zu dunkel, stellt man sie an einen helleren Platz ohne direkte Sonne.*

TILLANDSIEN

Tillandsia

In freier Natur wachsen diese faszinierenden Gewächse auf anderen Pflanzen. Man zieht sie zu Hause ohne Substrat, indem man sie in eine Glaskugel oder auf ein Stück Rinde bzw. Treibholz setzt.

OPTIMALE PFLEGE

STANDORT

Helle Küchen oder Bäder sind gute Lebensräume für Tillandsien, denn sie brauchen Luftfeuchtigkeit. Kälter als 10 °C sollte es nicht werden. Auch Zugluft mögen sie nicht, vor allem nicht, wenn sie feucht ist.

LICHT

Für viel Licht sorgen, aber sonnige Fensterbänke meiden, denn Sommersonne kann die Pflanzen versengen.

WÄSSERN UND DÜNGEN

Pflanze in Wasser tauchen und abtropfen lassen (siehe S. 18–19). Wurde zu wenig gewässert, 30 Minuten bis 2 Stunden untertauchen. Im Sommer oder in beheizten Räumen wöchentlich wässern. Weiches Wasser verwenden. Auch durch Besprühen mehrmals wöchentlich kann gewässert werden. Monatlich Flüssigdünger ins Wasser geben. Ganzjährig düngen.

SONSTIGE PFLEGE

Pflanze nach dem Wässern leicht schütteln und etwa 4 Stunden umgedreht trocknen lassen.

BLÜHT NICHT

Es kann Jahre dauern, bis eine Tillandsie blüht.

♥ **RETTUNG** *Nichts tun! Manche Arten werden vor dem Blühen rot. Nach dem Blühen bilden sich am Ansatz Tochterpflanzen (Kindel), während die Mutterpflanze stirbt.*

WEICHE BRAUNE STELLEN ODER PFLANZE ZERFÄLLT

Die Pflanze ist gefault, weil sich Wasser zwischen den Blättern gesammelt hat.

♥ **RETTUNG** *Pflanze ist nicht mehr zu retten. Tillandsien nach dem Wässern leicht schütteln und umgedreht abtropfen lassen.*

EINROLLENDES LAUB, TROCKENE SPITZEN

Ursache: zu wenig Wasser

♥ **RETTUNG** *Regelmäßig wässern und besprühen.*

Trockene Spitzen

Tillandsia melanocrater tricolor

Höhe und Breite: bis 30 cm

Tillandsia tectorum

Höhe und Breite: bis 30 cm

Tillandsia juncea

Höhe und Breite: bis 30 cm

Tillandsia aeranthos

Höhe und Breite: bis 30 cm

BLÄTTER FALLEN AB

Es ist normal, dass Tillandsien einige der äußeren Blätter verlieren. Fallen viele Blätter ab, behagen ihnen vermutlich die Wuchsbedingungen nicht.

RETTUNG *Äußere Blätter vorsichtig abzupfen. Prüfen, ob Licht, Luftfeuchtigkeit und Temperatur stimmen (siehe links).*

ZEBRAKRAUT

Tradescantia zebrina

Die unkomplizierten Pflanzen mit ihren gestreiften Blättern brauchen wenig Pflege. Am besten sehen sie in Blumenampeln aus.

OPTIMALE PFLEGE

STANDORT
Ein Raum mit einer Temperatur von 12–24 °C

LICHT
Ideal ist helles, indirektes Licht. Verträgt aber etwas volle Sonne.

WÄSSERN UND DÜNGEN
Reichlich wässern, sobald sich die obersten 2–3 cm des Substrats trocken anfühlen. Staunässe vermeiden. Im Frühjahr und Sommer monatlich düngen.

SONSTIGE PFLEGE
Alle Triebe mit rein grünen Blättern abschneiden – sie sind wüchsiger als die gestreiften, aber nicht so schön anzusehen.

ALARM!
(siehe S. 24–27)
Anfällig für **Blattläuse** und **Rote Spinnmilben** auf dem Laub

KEINE BLATTSTREIFEN

Die Pflanze bekommt nicht genug Licht.

RETTUNG *Die nicht gestreiften Blätter entfernen und Pflanze heller stellen.*

SCHLAFFE TRIEBE

Die Triebe wachsen von Natur aus hängend, aber wenn sie besonders schlaff wirken, hat die Pflanze vermutlich zu wenig Wasser oder ihre Wurzeln faulen.

RETTUNG *Lassen Sie zwischen dem Gießen nur die oberen 2–3 cm Substrat austrocknen. Überprüfen Sie den Ballen auf Wurzelfäule (siehe S. 28–29).*

BUNTNESSEL
Solenostemon

Buntnesseln begeistern mit leuchtenden Blattfarben. Sie sind unkompliziert und können durch Triebstecklinge vermehrt werden, wenn sie licht und langtriebig werden.

Tradescantia zebrina

Höhe: bis 15 cm

Breite: bis 20 cm

BRAUNE BLATTSPITZEN

Zu trockene Luft oder Wassermangel können die Ursache sein.

❤ RETTUNG *Blätter alle 3–4 Tage besprühen. Ausreichend wässern.*

SCHWACHE LANGE TRIEBE ODER UNTERE BLÄTTER FALLEN AB

Als Ursache kommen Licht-, Wasser- oder Nährstoffmangel infrage. Manchmal aber ist die Pflanze einfach schon ein paar Jahre alt. Sie wird mit der Zeit licht und verliert die unteren Blätter.

❤ RETTUNG *Für angemessene Pflege sorgen (siehe links). Ist die Pflanze bereits alt, Triebstecklinge nehmen und eintopfen, um frische Exemplare heranzuziehen.*

PALMLILIE

Yucca elephantipes

Mit ihren spitzen Blättern und dem palmen-
ähnlichen Stamm bringt der Strauch
einen exotischen Touch in die Wohnung.

Ganze Pflanze

OPTIMALE PFLEGE

✓ STANDORT
Die Temperaturspanne liegt bei
7–24 °C – weniger dürfen es nicht werden.
Ansonsten sind Palmlilien nicht anspruchs-
voll. Sie vertragen Temperaturschwankungen und trockene Luft. Halten Sie Kinder
fern, denn die Blätter haben spitze Enden.

LICHT
Palmlilien brauchen viel Licht und
können auch vollsonnig stehen, müssen
aber langsam an die Sonne gewöhnt werden.

WÄSSERN UND DÜNGEN
Vom Frühjahr bis zum Herbst mäßig
wässern – und immer erst dann, wenn die
oberen 5 cm des Substrats trocken sind. Im
Winter weniger gießen. Im Frühjahr und
Sommer alle zwei Monate düngen.

SONSTIGE PFLEGE
Blätter gelegentlich mit einem sauberen, feuchten Tuch abwischen, damit sie
glänzend und staubfrei bleiben.

HÄNGENDE BLÄTTER

Dies kann von zu viel oder zu
wenig Wasser, aber auch von
einem Schock wie Umstellen oder
Umtopfen herrühren.

♥ **RETTUNG** *Zwischen dem
Wässern die obersten 5 cm Sub-
strat komplett austrocknen lassen.
Im Winter wenig gießen. Muss die
Pflanze umziehen, stellt man sie im
Verlauf einer Woche nach und nach
an ihren neuen Standort.*

BRAUNE ODER SCHWARZE BLATTFLECKEN

Die Blattfleckenkrankheit, verursacht durch Bakterien oder Pilze

☀ **RETTUNG** *Befallene
Blätter sorgfältig entfernen
und für eine ausgewogene
Düngung sorgen, um die
Pflanze zu stärken (siehe
S. 28–29).*

← *Schwarze Flecken*

GELBE BLÄTTER

Wenn nur die unteren Blätter gelb werden, ist das normal. Verfärben sie aber an der ganzen Pflanze, wurde vermutlich zu viel oder zu wenig gewässert.

☀ **RETTUNG** *Gelbe Blätter einfach abzupfen und angemessen wässern (siehe links).*

BRAUNE BLATTSPITZEN

Dies ist vermutlich auf unregelmäßiges Wässern zurückzuführen.

☀ **RETTUNG** *Pflanze häufiger wässern – immer dann, wenn die oberen 5 cm Substrat trocken sind.*

FAULENDE STÄMME

Wenn die Borke abblättert und der Stamm am Ansatz fault, wurde vermutlich zu viel gewässert. Das kann besonders im Winter vorkommen.

☀ **RETTUNG** *Weniger wässern und kalte, nasse Topferde vermeiden. Sind die Schäden bereits fortgeschritten, lässt sich die Pflanze nicht mehr retten.*

Yucca elephantipes

Höhe: bis 2,5 m
Breite: bis 1 m

KEULENLILIE
Cordyline australis
Keulenlilien werden wie Palmlilien gepflegt. Im Sommer kann man sie auch nach draußen stellen.

ELEFANTENFUSS
Beaucarnea recurvata
Diese ungewöhnliche Pflanze speichert Wasser in ihrem Stamm, darf also nicht zu stark gewässert werden.

GLÜCKSFEDER

Zamioculcas zamiifolia

Die ungewöhnliche, aufrecht wachsende Pflanze braucht kaum Pflege und verträgt auch einmal längere Durststrecken.

OPTIMALE PFLEGE

STANDORT
Ganzjährig in einem warmen Raum bei 15–24 °C stehen lassen. Die Glücksfeder verträgt auch trockene Luft.

LICHT
Für besten Wuchs hell stellen, aber pralle Sonne vermeiden. Sie toleriert aber auch weniger Licht.

WÄSSERN UND DÜNGEN
Substrat ganzjährig leicht feucht halten und zwischen dem Wässern die oberste 5-cm-Schicht des Substrats austrocknen lassen. Nasse Topferde vermeiden. Im Frühjahr und Sommer monatlich düngen.

SONSTIGE PFLEGE
Laub hin und wieder mit einem sauberen, feuchten Tuch abwischen, damit es glänzend bleibt und genug Licht bekommt.

ALARM!
(siehe S. 24–27)

Kann sich **Wollläuse** und **Rote Spinnmilben** einfangen.

GELBE BLÄTTER
Pflanze wurde zu stark gewässert oder steht in nassem Substrat. Das kann zu Wurzelfäule führen.

RETTUNG *Substrat austrocknen lassen. Falls die Pflanze sehr schlecht aussieht, auf Wurzelfäule, also braune, weiche Wurzeln, überprüfen. Geschädigte Stellen entfernen und umtopfen (siehe S. 28–29).*

BLÄTTER FALLEN AB
Vielleicht wurde die Pflanze durch ein Umstellen an einen anderen Platz – etwa von einem schattigen an einen sonnigen Standort – geschockt. Auch kann das Substrat zu nass oder zu trocken sein.

RETTUNG *Allmählich an den neuen Standort gewöhnen. Substrat überprüfen und ggf. Gießgewohnheiten ändern.*

BRAUNE FLECKEN AUF DEM LAUB

Ursache: Sonnenbrand

☀ RETTUNG

Pflanze aus der volle Sonne nehmen.

Braune Flecken

Zamioculcas zamiifolia

Höhe:
bis 1 m
Breite:
bis 60 cm

ÄHNLICH BEHANDELN

JAPANISCHER SAGOPALMFARN
Cycas revoluta

Dieses lebende Fossil gibt es schon seit der Zeit der Dinosaurier.

GLÜCKSKASTANIE
Pachira aquatica

Sie wird oft mit geflochtenem Stamm verkauft.

ZIMMER-BONSAI

Verschiedene Arten

Bonsais nennt man junge Bäume, die so erzogen werden, dass sie wie alte Gehölze im Kleinformat aussehen. Die hier gezeigte Japanische Ulme gehört zu den vielen Arten, die man als Bonsai kaufen kann.

OPTIMALE PFLEGE

STANDORT
Während der Wachstumssaison bei 15–21 °C halten. Im Winter an einen kühleren Platz mit mindestens 10 °C stellen. Verträgt weder Zugluft noch Nähe zu Heizkörpern.

LICHT
Braucht viel Licht, verträgt aber keine pralle Sommersonne.

WÄSSERN UND DÜNGEN
In einer flachen Schale kann das Substrat rasch austrocknen. Erde feucht halten, aber nicht nass. Am besten mit Regenwasser gießen. Von April bis Oktober monatlich Bonsai-Dünger verabreichen.

SONSTIGE PFLEGE
In Bonsai-Spezialerde kultivieren. Schale auf einen mit Kieseln und Wasser gefüllten Untersetzer stellen. Baum gelegentlich besprühen. Im Frühjahr umtopfen, wenn die Wurzeln die Schale komplett ausfüllen. Baum im Sommer nach draußen stellen.

LANGE, DÜNNE TRIEBE, BLASSES LAUB

Möglicherweise bekommt der Baum zu wenig Licht, vor allem im Winter.

RETTUNG *Heller stellen. Spezialanbieter bestrahlen ihre Bonsais im Winter mit Pflanzenlampen.*

TROCKENE BLÄTTER

Trockene, brüchige Blätter deuten auf Wassermangel hin.

RETTUNG *Angemessen wässern (siehe links).*

ALARM!
(siehe S. 24–27) | Anfällig für **Schildläuse**, **Wollläuse**, **Echten Mehltau**, **Blattläuse**, **Dickmaulrüssler** und **Rote Spinnmilben**.

GELBE BLÄTTER

Die Blätter sommergrüner Bonsais färben sich vor dem Laubfall im Herbst gelb. Wird das Laub im Sommer oder an immergrünen Gehölzen gelb, kann falsches Wässern oder Düngen der Grund sein. Möglicherweise behagen der Pflanze die Temperatur- oder Lichtverhältnisse nicht. Auch nach dem Umtopfen kann das Laub gelb werden.

❤ **RETTUNG** *Substrat feucht halten, aber Staunässe vermeiden. Baum auf Wurzelfäule hin überprüfen (siehe S. 28–29) und Pflege optimieren.*

BAUM VERLIERT BLÄTTER

Sommergrüne Bonsais verlieren ihre Blätter im Herbst. Manchmal kommt es auch im Frühjahr oder bei immergrünen Bäumen zum Laubabwurf. Verursacht werden kann er durch einen Wechsel der Bedingungen (z. B. Umtopfen) oder falsche Pflege.

❤ **RETTUNG** *Evtl. geeigneteren Standort suchen und besser pflegen (siehe links).*

TROCKENES LAUB, SCHWARZE ODER BRAUNE BLATTSPITZEN

Anzeichen für Wassermangel. Schwarze Blattspitzen deuten auf zu viel Wasser oder Kälte hin.

❤ **RETTUNG** *Wärmer stellen und besser wässern.*

Ulmus parvifolia

Höhe und Breite: bis 50 cm

ÄSTE WERDEN LANG UND DÜNN, BAUM VERLIERT SEINE FORM

Bonsais müssen geschnitten und erzogen werden, um ihre Größe und Form zu behalten.

❤ **RETTUNG** *Beim Umtopfen jedes Mal ein Drittel der Wurzeln entfernen. Frische Triebe während der Saison bis auf 1–2 Blätter zurückschneiden. Äste mit Draht erziehen.*

REGISTER

A

Absuchen von Pflanzen 21
Adiantum raddianum 32–33, 86
Aechmea fasciata 34–35
Aeonium 73
Agave 39
Aglaonema 125
Alocasia × amazonica 36–37
Aloe vera 38–39, 67
Alpenveilchen 60–61
Amaryllis 82–83
Anthurium 40–41
Aphelandra squarrosa 119
Asparagus densiflorus Sprengeri-Gruppe 42–43
    A. setaceus 43
Aspidistra 107, 125
Asplenium nidus 97, 106
Astrophytum ornatum 98
Aucuba japonica 81

B

Badezimmer, Pflanzen für 86–87
Bäume, Zimmerbonsai 140–141
Baum-Philodendron 95
Beaucarnea recurvata 137
Begonia rex 44–45
Begonien
    Eliator-Begonie 45
    Knollenbegonien 45
    Königs-Begonie 44–45
Bergpalme 85
Billbergia nutans 48–49
Binsenkaktus 121
Birken-Feige 77
Blattfleckenkrankheit 29
Blattläuse 27
Blaue Tillandsie 49
Blechnum gibbum 97
Blumenmarante 51
Blütenpflanzen 15
Bogenhanf 115
Botrytis 28
Bubikopf 122–123
Buntnessel 135

C

Calandiva 91
Calathea 50–51
Ceropegia woodii 59
Chamaedorea elegans 85
Chamaerops humilis 105
Chlorophytum comosum 52–53
Chrysanthemum 54–55
Clivia miniata 56–57
Codiaeum variegatum 119
Cordyline australis 137
Crassula ovata 58–59, 67
Cycas revoluta 139
Cyclamen persicum 60–61

D

Davallia canariensis 33
Dieffenbachia 62–63
Dionaea muscipula 64–65, 67
Dracaena fragrans 68–69
    D. marginata 47, 69
    D. reflexa 69
    D. sanderiana 46, 70–71
Drachenbaum 68–69
Drehfrucht 130–131
Dreieckiger Glücksklee 43
Düngen von Pflanzen 20
Dypsis lutescens 85

E

Echeveria 66, 72–73
Echte Aloe 38–39, 67
Echter Mehltau 28
Efeu 80–81
Efeutute 53
Einblatt 106, 124–125
Eingehüllte Kanonierblume 109
Elefantenfuß 137
Eliator-Begonie 45
Epipremnum 53
Erbsenpflanze 59
Euphorbia pulcherrima 74–75
    E. trigona 115
Europäische Zwergpalme 105

F

Farne
    Frauenhaarfarn 32–33, 86

Großer Geweihfarn 111
Hasenpfotenfarn 33
Kretischer Saumfarn 33
Nestfarn 97, 106
Schwertfarn 87, 96–97
Geweihfarn 110–111
Fatsia japonica 81
Faucaria 73
Fäule
    Wurzelhals- und Stängelfäule 28
    Wurzelfäule 29
Feder-Spargel 43
Feigen
    Birken-Feige 76–77, 126
    Geigen-Feige 77
Feigenkaktus 66, 98–99
Fensterblatt 94–95, 127
Ficus benjamina 77
    F. elastica 77
    F. lyrata 76–77, 126
Fittonia 78–79, 86
Flamingoblume 40–41
Flammendes Käthchen 90–91
Flammendes Schwert 35
Form von Pflanzen 14
Frauenhaarfarn 32–33, 86

G

Geigen-Feige 76–77, 126
Geldbaum 58–59, 67
Gerandeter Drachenbaum 69
Geweihfarn 110–111
Glanzkölbchen 119
Gloxinie 131
Glücksfeder 127, 138–139
Glückskastanie 139
Goldfruchtpalme 85
Grauschimmel 28
Großer Geweihfarn 111
Großes Fensterblatt 94–95
Grünlilie 52–53
Gummibaum 77
Guzmania lingulata 35
Gynura aurantiaca 79, 87

H

Hasenpfotenfarn 33
Haworthia 39

Hedera helix 80–81
Henne mit Küken 123
Hippeastrum 82–83
Hohe Steckenpalme 105
Howea forsteriana 84–85, 127
Hoya bella 89
    H. carnosa 87, 88–89
Hypoestes phyllostachya 79

J
Japanische Aukube 81
Japanischer Sagopalmfarn 139
Judenbart 116–117

K
Kakteen
    Binsenkaktus 121
    Feigenkaktus 66, 98–99
    Osterkaktus 121
    Rebutia 99
    Weihnachtskaktus 120–121
Kalanchoe blossfeldiana 90–91
    K. Calandiva®-Serie 91
Kanarischer Hasenpfotenfarn 33
Kälte 15
Kannenpflanze 65
Kanonierblume 109
Kentiapalme 84–85, 127
Keulenlilie 137
Kissen-Primel 55
Kletter-Philodendron 63, 107
Kolbenfaden 125
Königs-Begonie 44–45
Korallenmoos 123
Korbmarante 50–51
Korkflecken 29
Krankheiten 15, 21, 28–29
    siehe auch Schädlinge
Kretischer Saumfarn 33
Kroton 119

L
Lanzenrosette 34–35
Leuchterblume 59
Licht 17
    Pflanzen für dunkle Ecken 106–107
    Sonne, Pflanzen für die 66–67
    Wohnzimmer, Pflanzen für 126–127
Löchriges Fensterblatt 95
Luftfeuchtigkeit 17

M
Mammillaria 99
Maranta 51
Mimosa pudica 92–93

Mimose 92–93
Minierfliegen 25
Mönchskappe 99
Monstera deliciosa 94–95, 127
    M. obliqua 95
Mottenkönig 117

N
Neoregelia carolinae fo. *tricolor* 49
Nepenthes 65
Nephrolepis exaltata 'Bostoniensis' 87,
    96–97
Nertera granadensis 123
Nestfarn 97, 106

O
Opuntia 98–99
Osterkaktus 121
Oxalis triangularis 43

P
Pachira aquatica 139
Palmen
    Bergpalme 85
    Goldfruchtpalme 85
    Kentiapalme 84–85, 127
    Steckenpalme 105
    Zwerg-Dattelpalme 104–105
    Zwergpalme 105
Palmlilie 136–137
Paradiesvogelblume 128–129
Peperomia metallica 47, 100–101
    P. obtusifolia 101
    P. rotundifolia 101
Pfeilblatt 36–37
Pfeilwurz 51
Pflanzgefäße 16, 22–23
Pflege von Planzen 20–21
Phalaenopsis 102–103
Philodendron
    Baum-Philodendron 95
    Kletter-Philodendron 63, 107
    Rotblättriger Philodendron 63
Philodendron bipinnatifidum 95
    P. erubescens 63
    P. scandens 63, 107
Phoenix roebelenii 104–105
Pilea cadierei 109
    P. involucrata 'Moon Valley' 109
    P. peperomioides 108–109
Plastiktöpfe 16
Platycerium bifurcatum 110–111
    P. grande 111
Plectranthus 117
Porzellanblume 87, 88–89

Primula vulgaris 55
Pteris cretica 33
Punktblume 79
Purpurtute 53

R
Rebutia 99
Rhapis excelsa 105
Rhipsalis baccifera 121
Rhododendron simsii 61
Riemenblatt 56–57
Rippenfarn 97
Rosa 55
Rosettendickblatt 73
Rotblättriger Philodendron 63
Rote Spinnmilben 26

S
Sagopalmfarn 139
Saintpaulia 112–113
Samtpflanze 79, 87
Sansevieria cylindrica 115
    S. trifasciata 114–115, 126
Sarracenia 65
Säubern von Pflanzen 21
Säulen-Euphorbie 115
Saxifraga stolonifera 116–117
Schädlinge 15, 21, 24–27
    siehe auch Krankheiten
Schefflera arboricola 118–119
Schildläuse 27
Schimmel *siehe* Grauschimmel 28
Schlauchpflanze 65
Schlumbergera × *buckleyi* 120–121
    S. gaertneri 121
Schmalblättriger Gerandeter
    Drachenbaum 47, 69
Schmetterlingsorchidee 102–103
Schreibtisch, Pflanzen für den 46–47
Schusterpalme 107, 125
Schwertfarn 87, 96–97
Schwiegermutterzunge 114–115, 126
Schwärzepilze 29
Senecio rowleyanus 59
Silbernetzblatt 78–79, 86
Sinningia speciosa 131
Soleirolia soleirolii 122–123
Solenostemon 135
Spathiphyllum 106, 124–125
Standorte 17
    dunkle Ecken 106–107
    Sonne 66–67
Stängel- und Wurzelhalsfäule 28
Steckenpalme 105
Strahlenaralie 118–119

Strelitzia reginae 128–129
Streptocarpus 130–131
Stromanthe 51
Substrat 14
Syngonium podophyllum 53

T
Temperatur 15, 17
Thripse 25
Tigerrachen 73
Tillandsia 132–133
    T. cyanea 49
Tillandsien 49, 132–133
Tolmiea menziesii 123
Topfrose 55
Tradescantia zebrina 134–135
Trauermücken 25

U
Ufopflanze 108–109
Usambaraveilchen 112–113

V
Venusfliegenfalle 64–65, 67
Veränderliche Purpurtute 53
Vietnamesische Kanonierblume 109
Viren 29
Vriesea splendens 35

W
Wässern 18–19
Weihnachtskaktus 120–121
Weihnachtsstern 74–75
Weiße Fliegen 25
Welke 19
Wollläuse 27
Wurzelhals- und Stängelfäule 28
Wurzeln 14

Y
Yucca elephantipes 136–137

Z
Zamioculcas zamiifolia 127, 138–139
Zebrakraut 134–135
Zierliche Bergpalme 85
Zier-Spargel 42–43
Zimmeraralie 81
Zimmer-Azalee 61
Zimmer-Bonsai 140–141
Zimmerhafer 48–49
Zwerg-Dattelpalme 104–105
Zwergpalme 105
Zwergpfeffer 100–101
Zwerg-Porzellanblume 89

ÜBER DIE AUTORIN

Veronica Peerless ist Autorin von Gartenbüchern sowie Redakteurin für Print- und Online-Medien. Sie schreibt für gardenersworld.com und arbeitete als Stellvertretende Chefredakteurin für das Magazin *Which? Gardening*. Ihre Beiträge erscheinen in mehreren Garten- und Lifestyle-Magazinen sowie im *Garden Design Journal*.

DANK UND BILDNACHWEIS

Durch den Autor: Ich danke Christian King für seine Unterstützung und die unzähligen Tassen Tee, während ich dieses Buch schrieb.

Durch den Verlag: DK dankt Jane Simmonds für das Korrektorat und Vanessa Bird für die Erstellung des Registers. Weiter danken wir houseofplants.co.uk für die freundliche Genehmigung zum Fotografieren der Pflanzen – Bogenhanf, Rotblättriger Philodendron, Bergpalme, Kroton, Osterkaktus, Geigen-Feige, Glückskastanie, Guzmania, Hasenpfotenfarn, Baum-Philodendron, Porzellanblume, Kentiapalme, Glücksbambus, Binsenkaktus, Bergpalme, Schwiegermutterzunge, Geranderter Drachenbaum, Glücksfeder und mehrere andere Gewächse, die es nicht in die Endversion des Buchs geschafft haben. Die Calandiva wurde von Katherine Scheele Photography fotografiert.

Bildnachweis: Der Verlag dankt folgenden Personen und Institutionen für die freundliche Genehmigung zum Abdruck des Bildmaterials:

(Abkürzungen: o = oben, u = unten, m = Mitte, l = links, r = rechts)

5 Garden World Images: Nicholas Appleby (mlu). 10 Alamy Stock Photo: blickwinkel / fotototo (mlo). 43 Garden World Images: Nicholas Appleby. 116-117 Alamy Stock Photo: blickwinkel / fotototo

Alle anderen Abbildungen © Dorling Kindersley

Weitere Informationen unter:
www.dkimages.com

HINWEIS ZUR TOXIZITÄT

Manche Zimmerpflanzen sind bei Verzehr oder Kontakt mit Haut, Augen oder Schleimhäuten gesundheitsschädlich für Mensch und Tier. Weitere Informationen erhalten Sie unter anderem auf www.gizbonn.de oder www.giftpflanzen.com. In dringenden Fällen wählen Sie den Giftnotruf in Ihrer Nähe. Die Nummern sind auf den genannten Websites angegeben.

Grüner Daumen im Handumdrehen

Alles über Zimmerpflanzen
ISBN 978-3-8310-3723-0
EURO 19,95 [D] 20,60 [A]

Küchenkräuter anbauen & genießen
ISBN 978-3-8310-3902-9
EURO 12,95 [D] 13,40 [A]

Happy Kaktus
ISBN 978-3-8310-3635-6
EURO 12,95 [D] 13,40 [A]

Orchideen-Glück
ISBN 978-3-8310-3786-5
EURO 12,95 [D] 13,40 [A]

www.dk-verlag.de